ein Apfel

---

ein Olivenbaum

eine Brücke

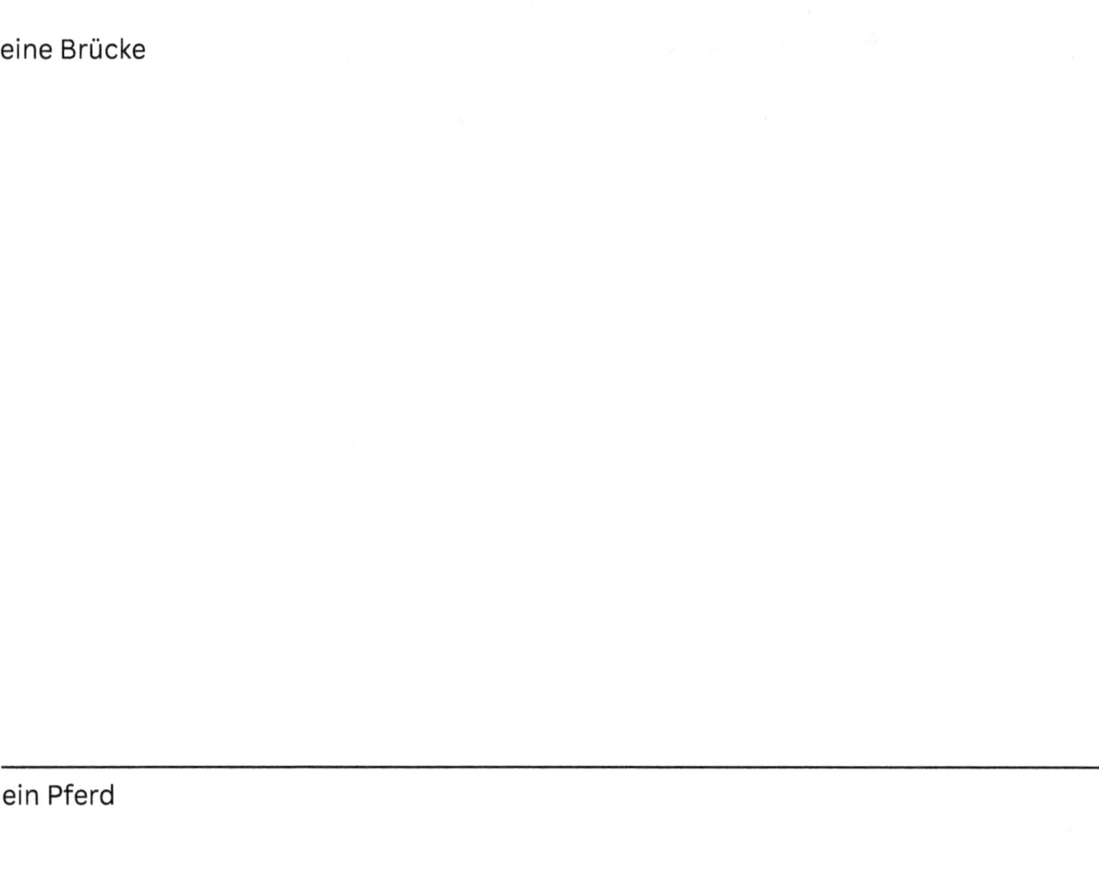

ein Pferd

ein Computer

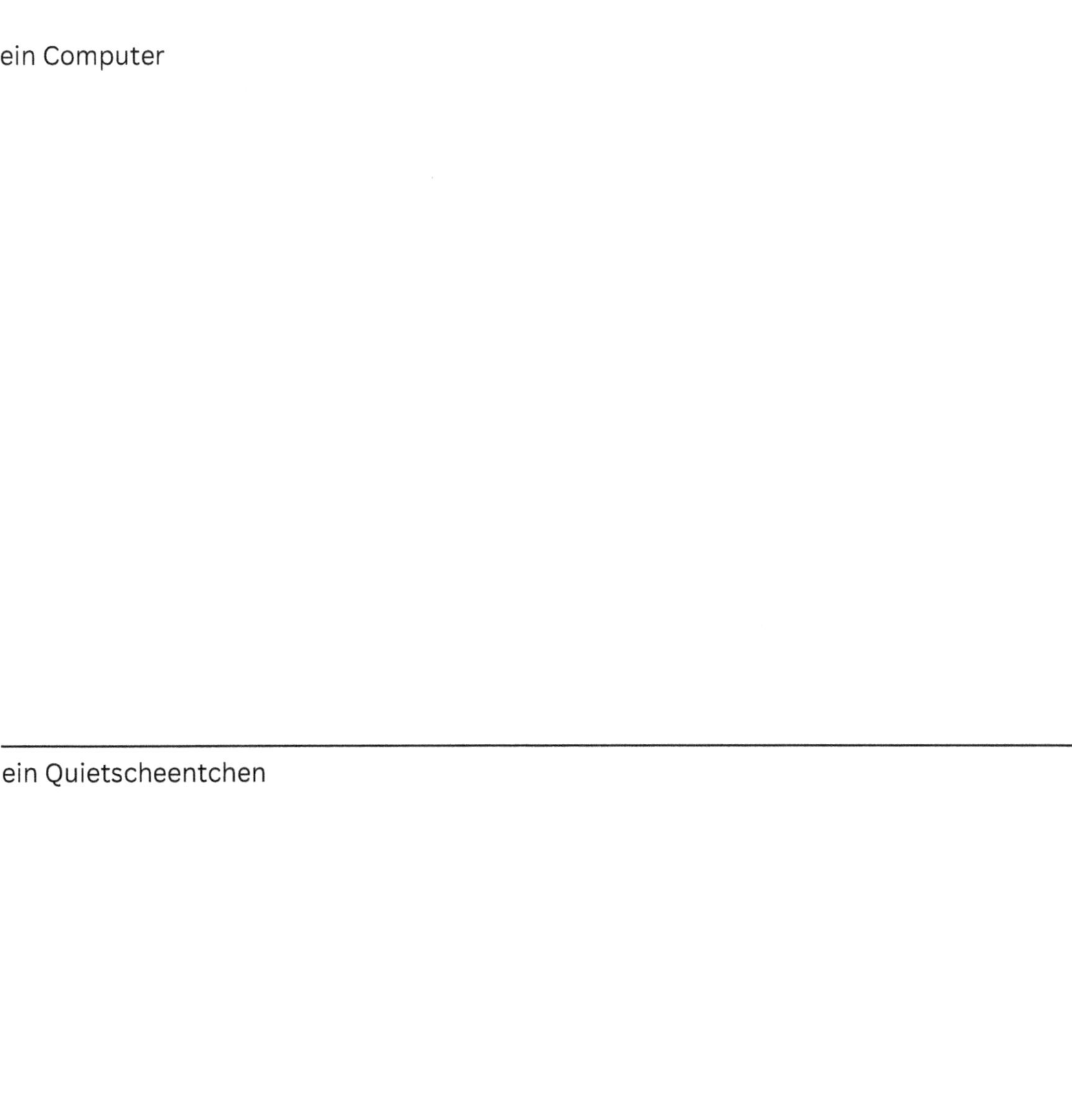

---

ein Quietscheentchen

eine Decke

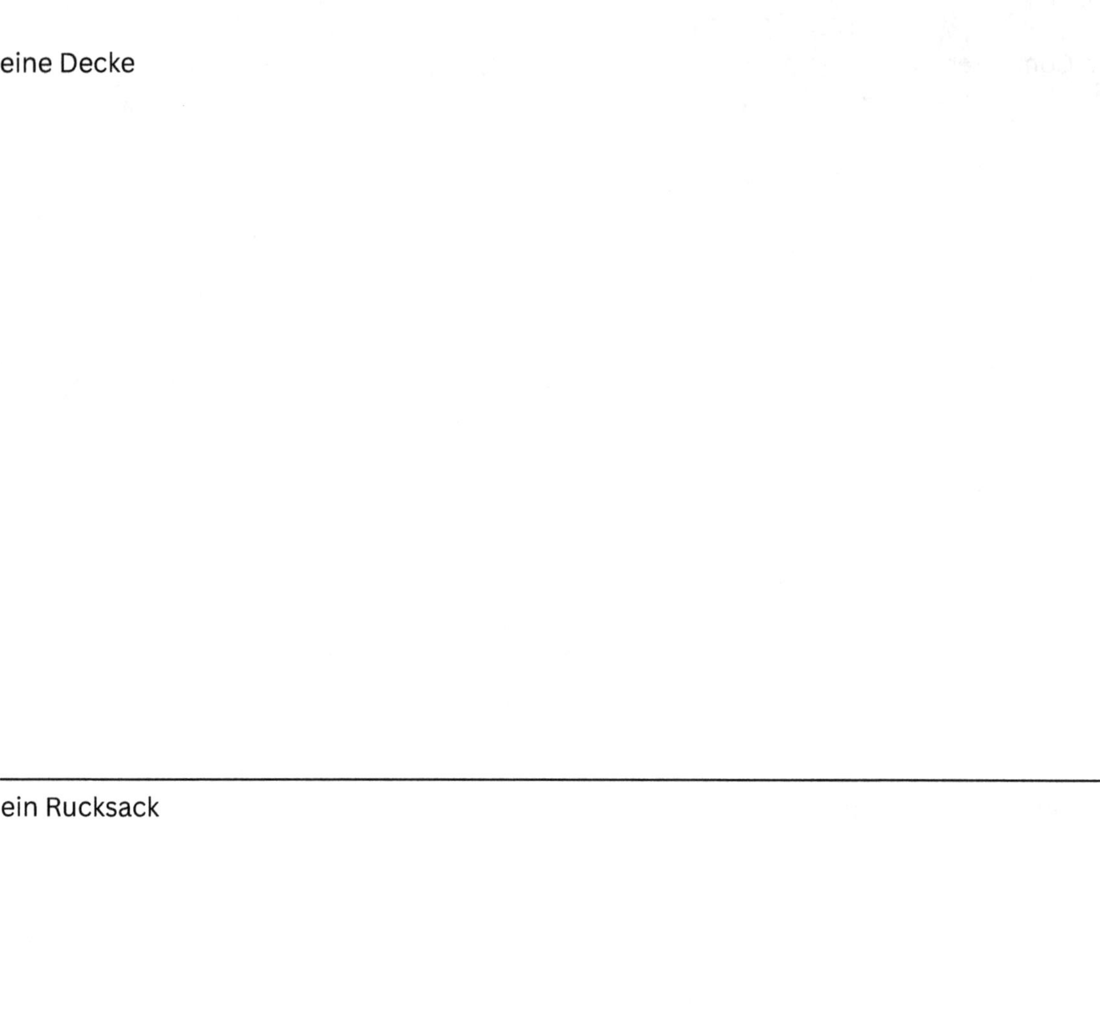

ein Rucksack

ein Elefant

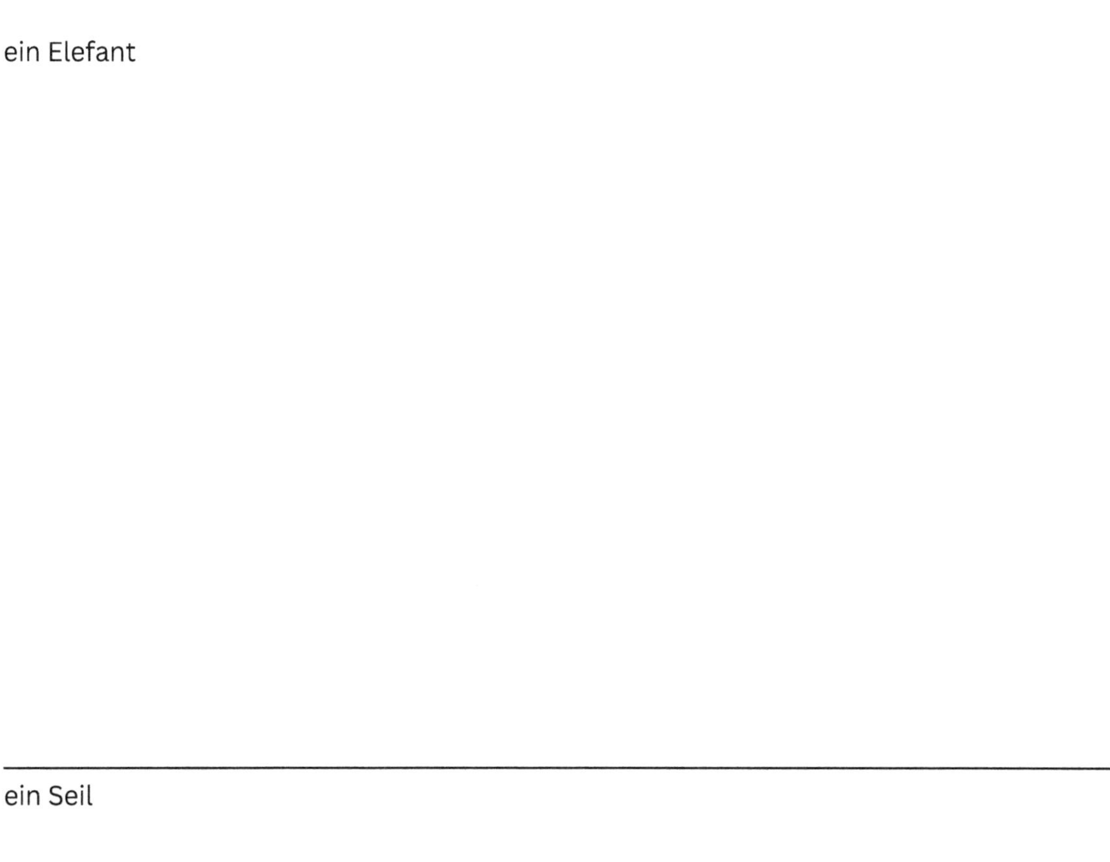

ein Seil

eine Feder

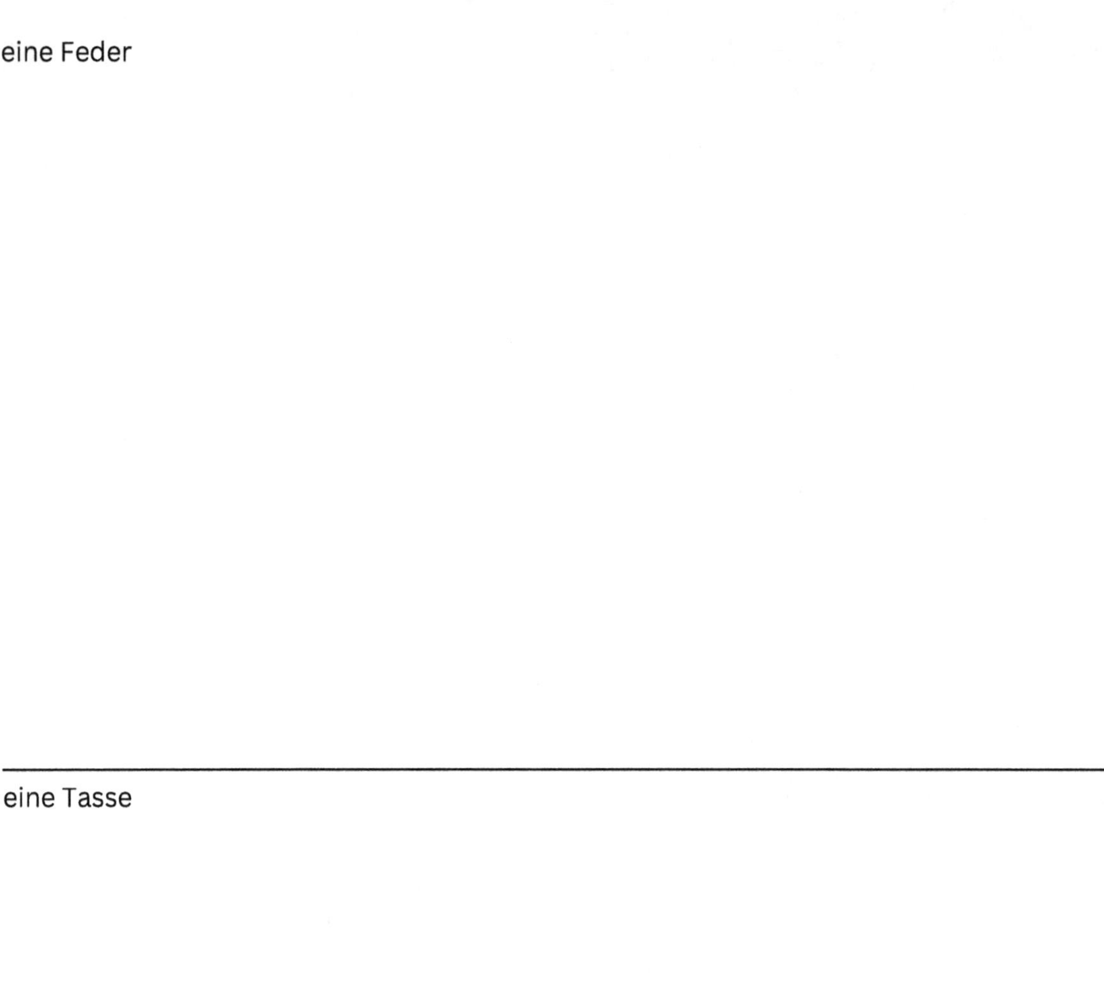

eine Tasse

ein Globus

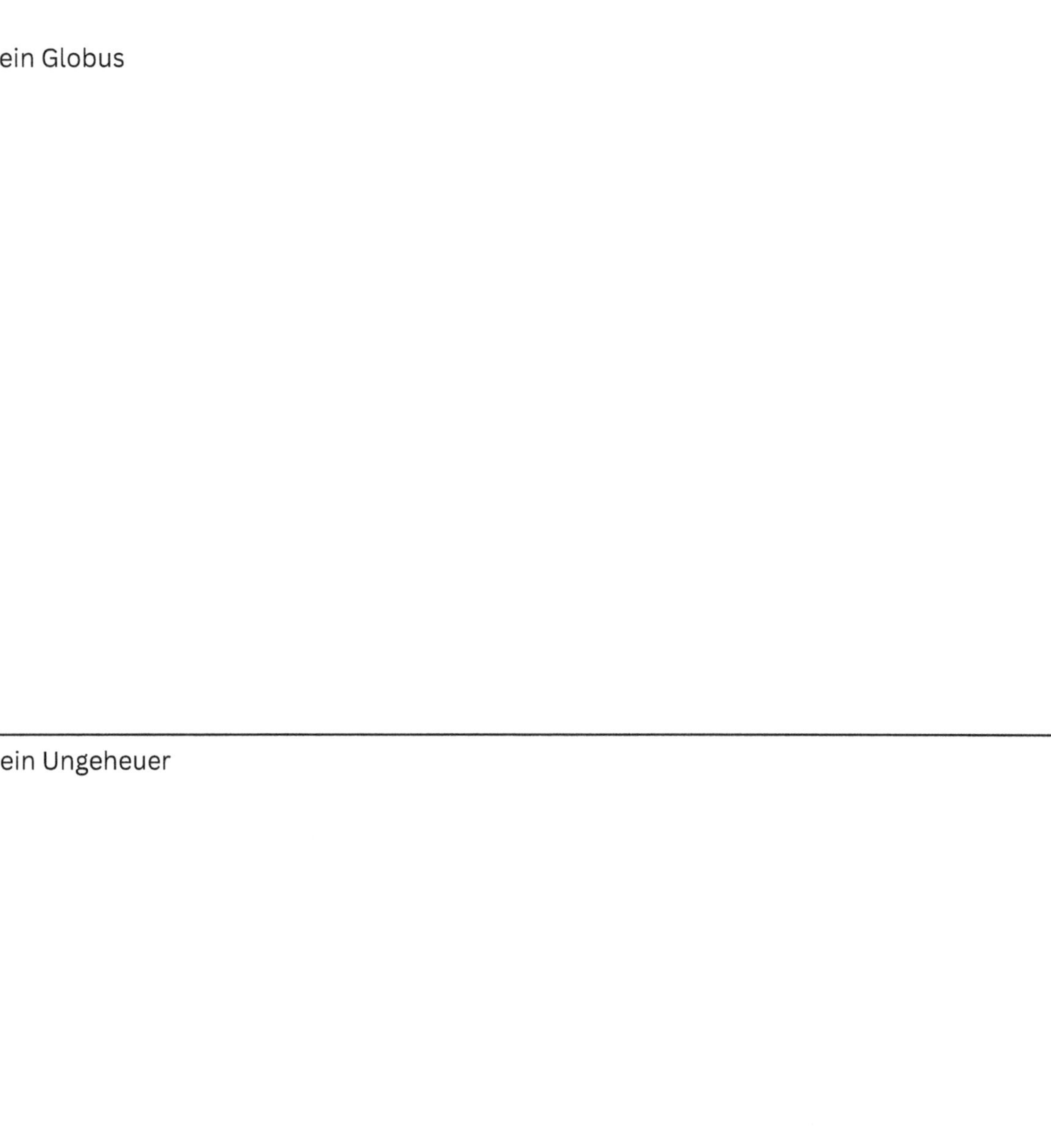

ein Ungeheuer

ein Hut

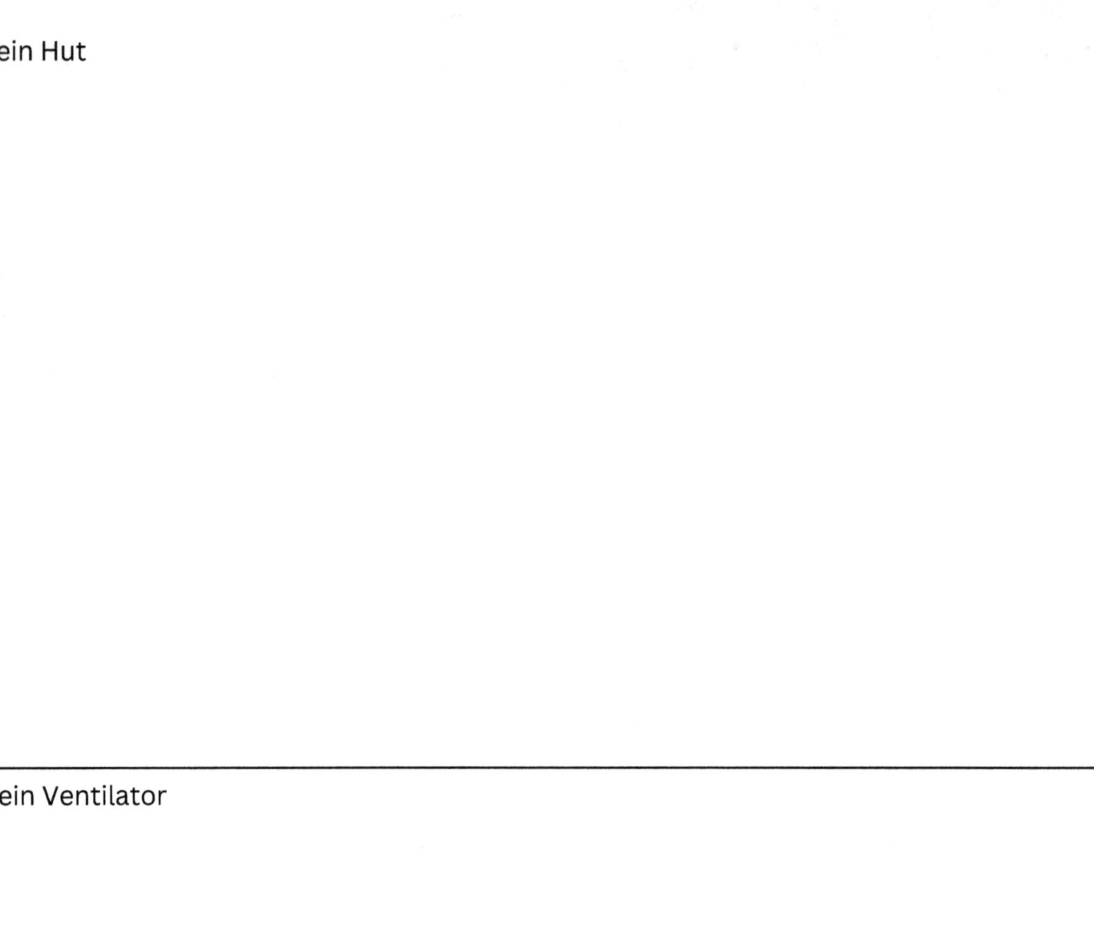

ein Ventilator

ein Igel

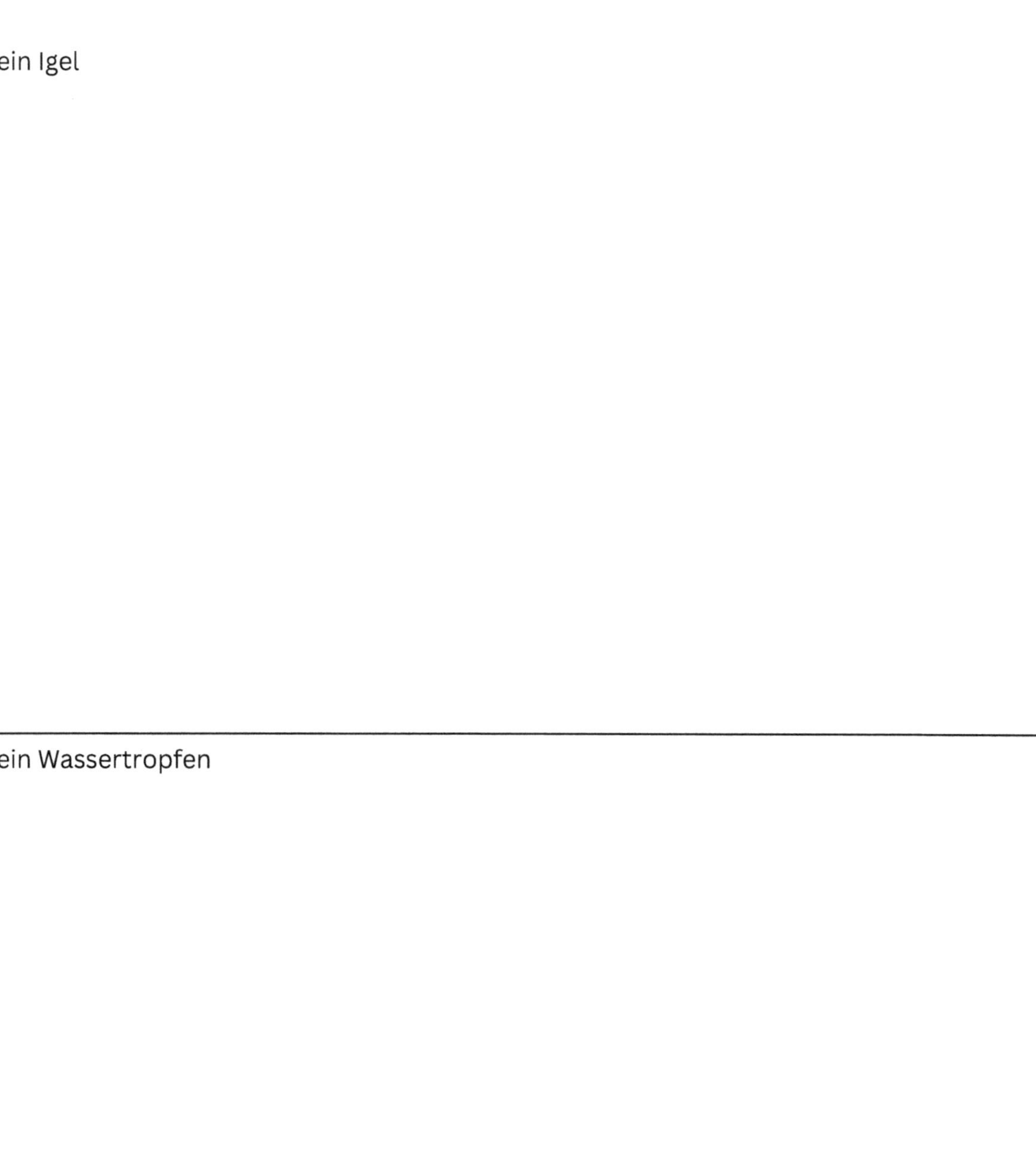

ein Wassertropfen

ein Jeep

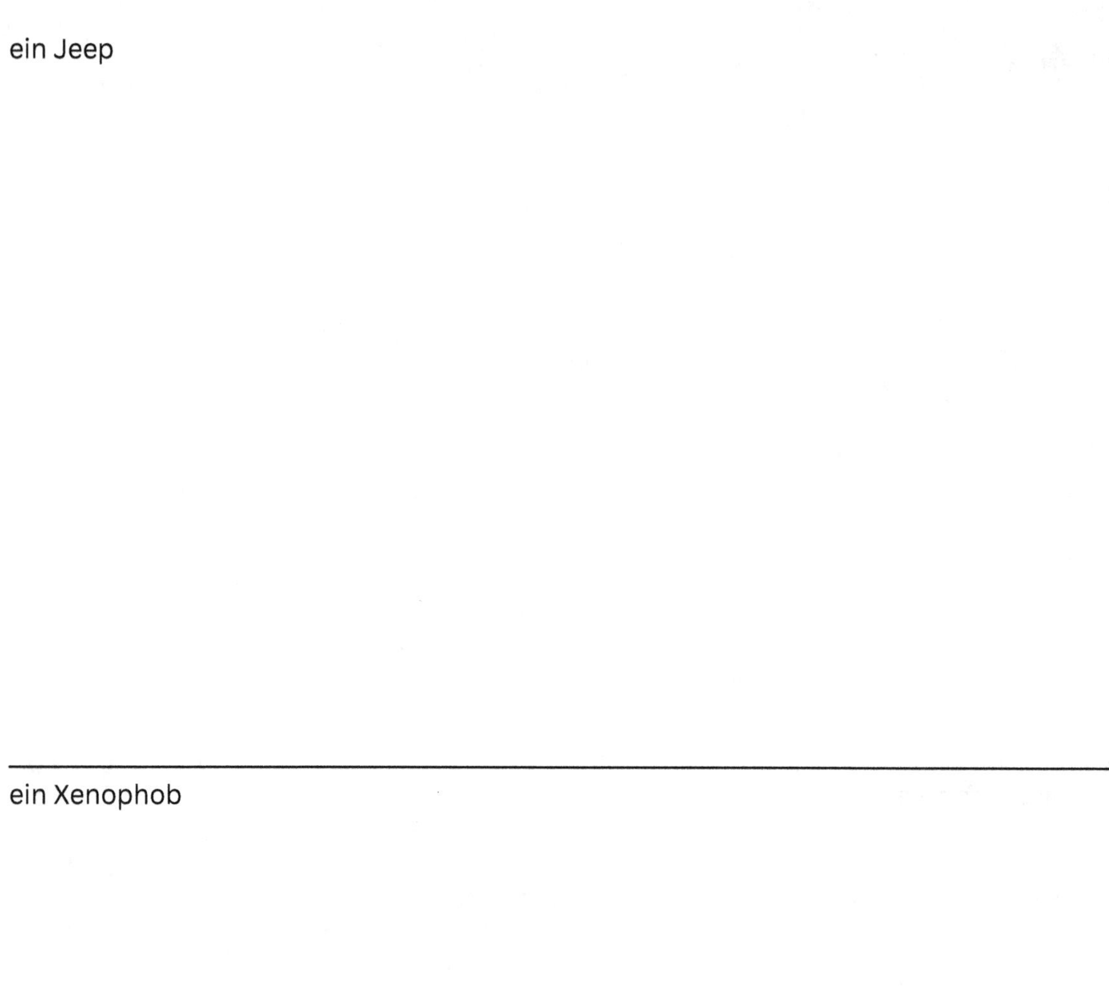

ein Xenophob

ein Kaktus

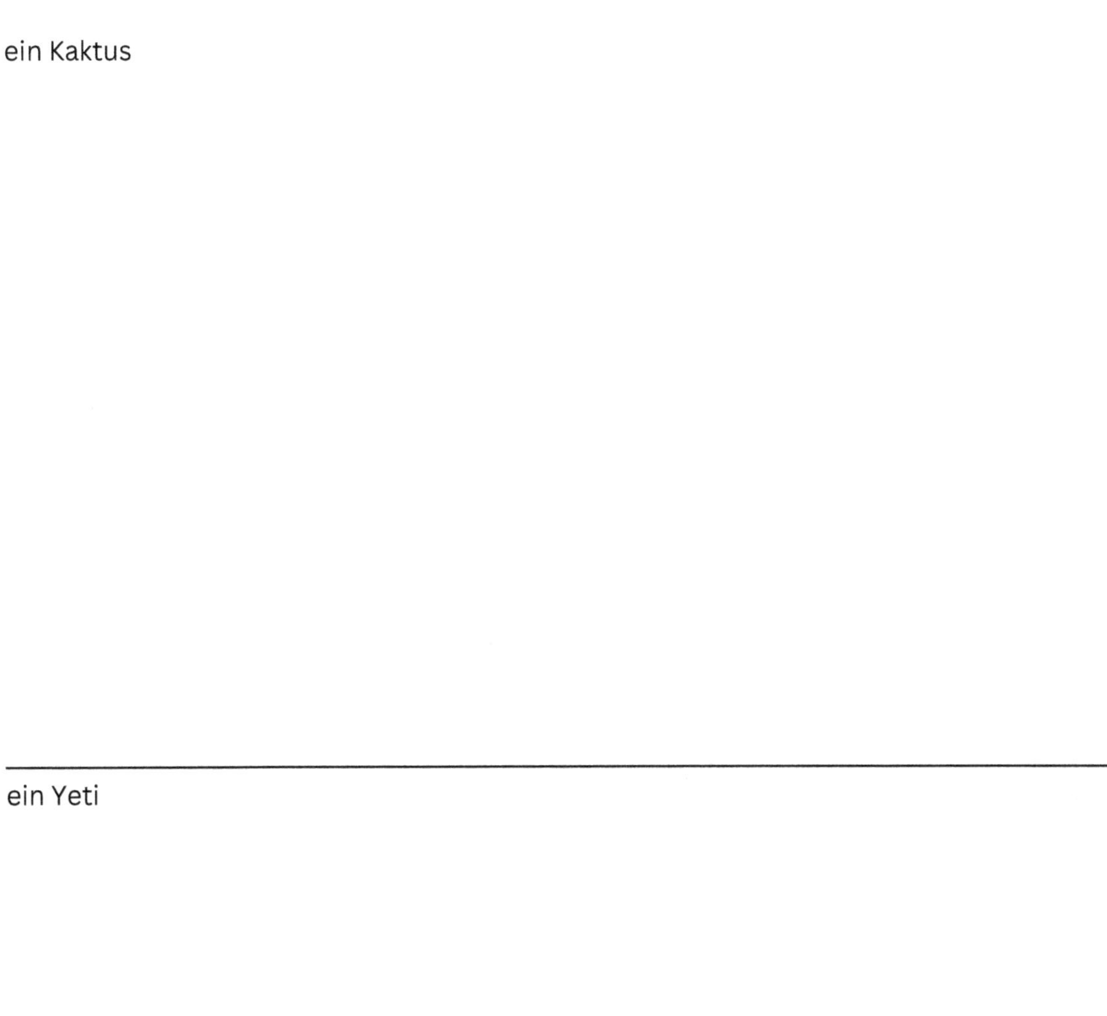

ein Yeti

ein Lampion

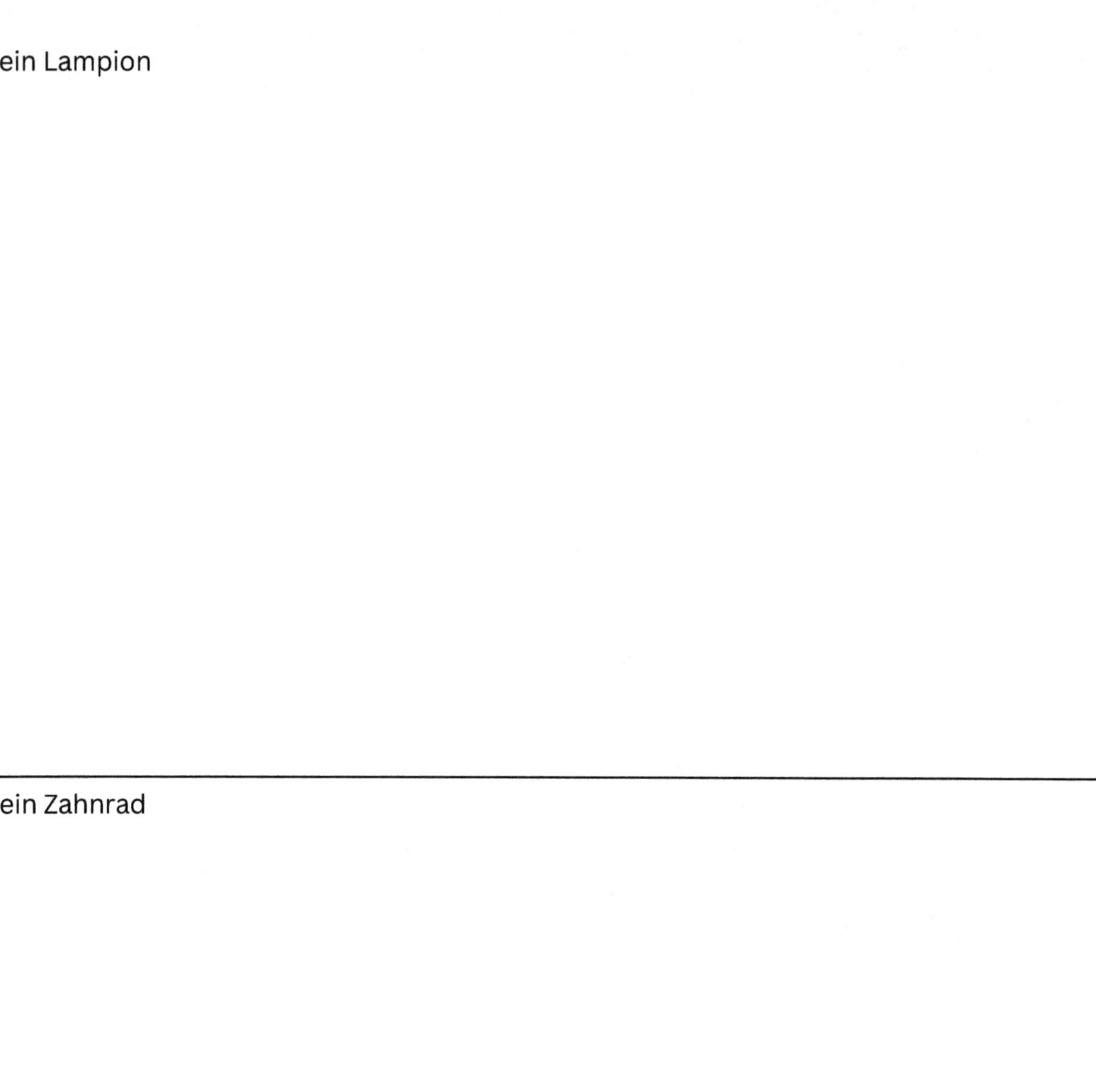

ein Zahnrad

ein Mond

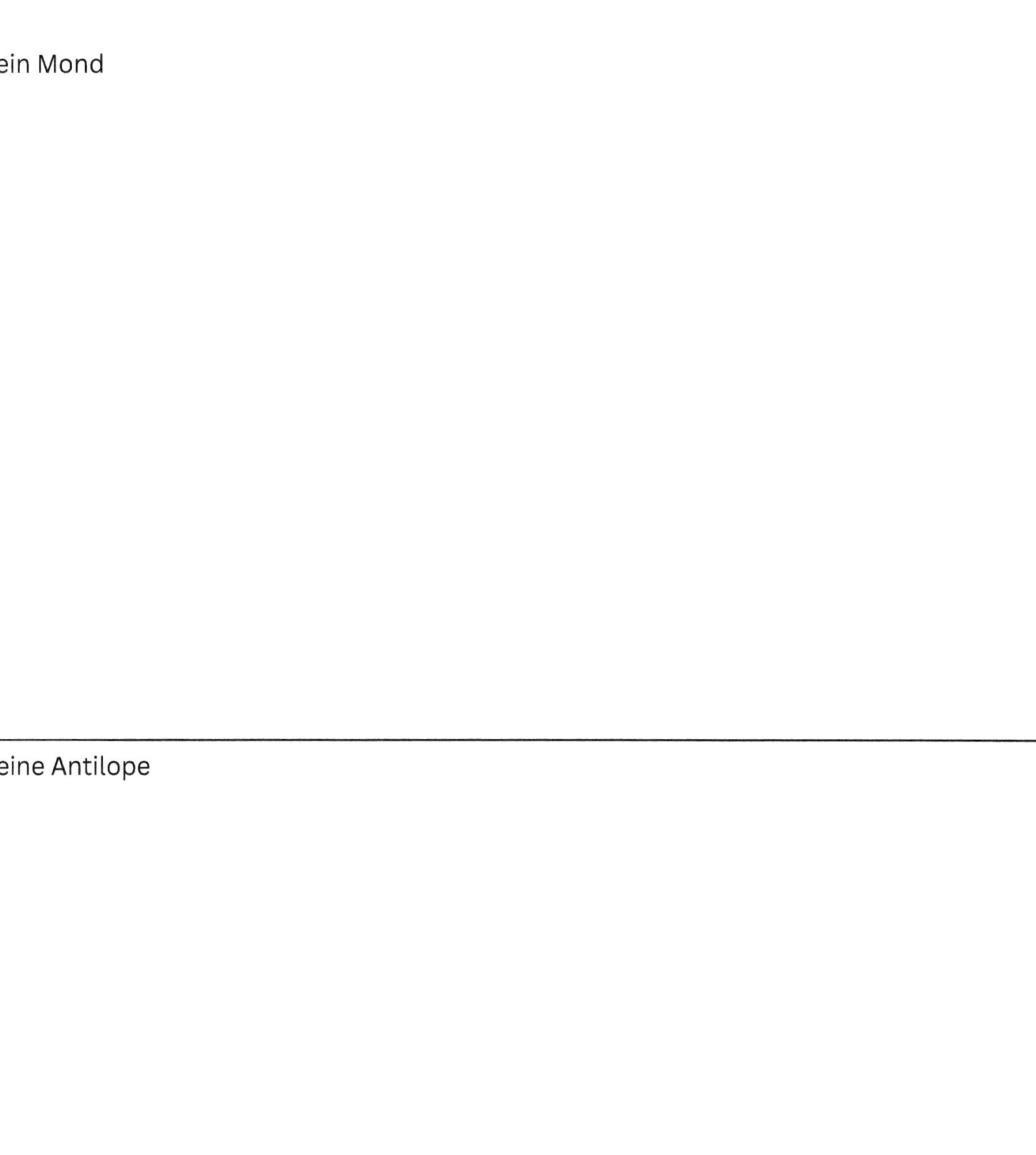

---

eine Antilope

eine Nadel

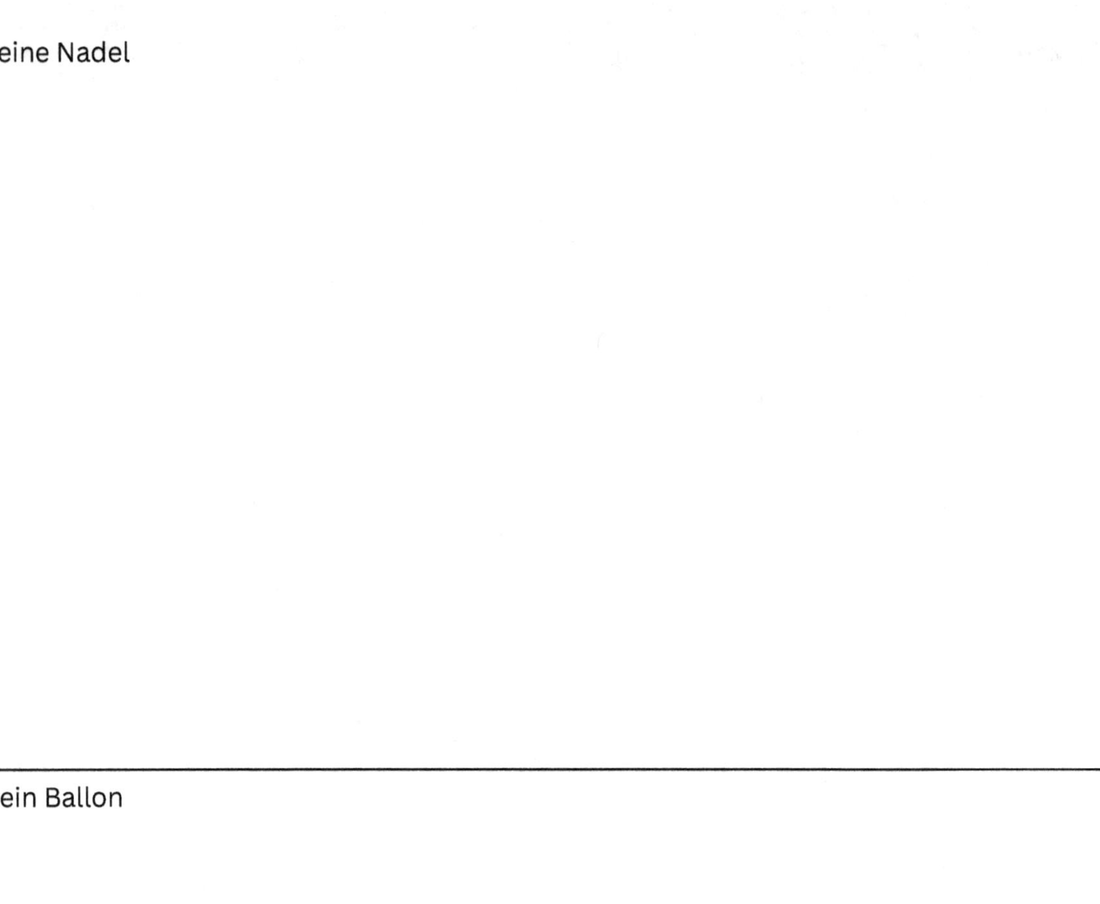

ein Ballon

ein Ozean

---

ein Cello

ein Pinguin

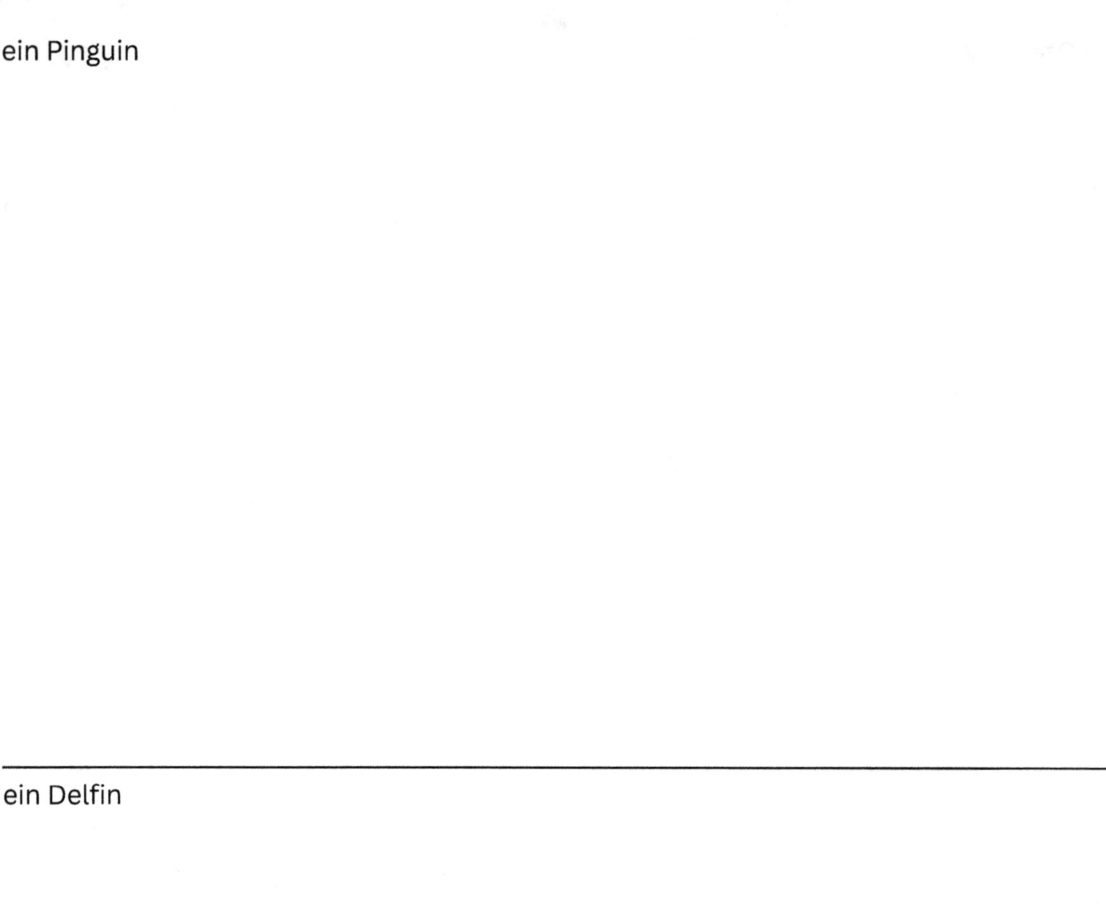

ein Delfin

ein Quilt

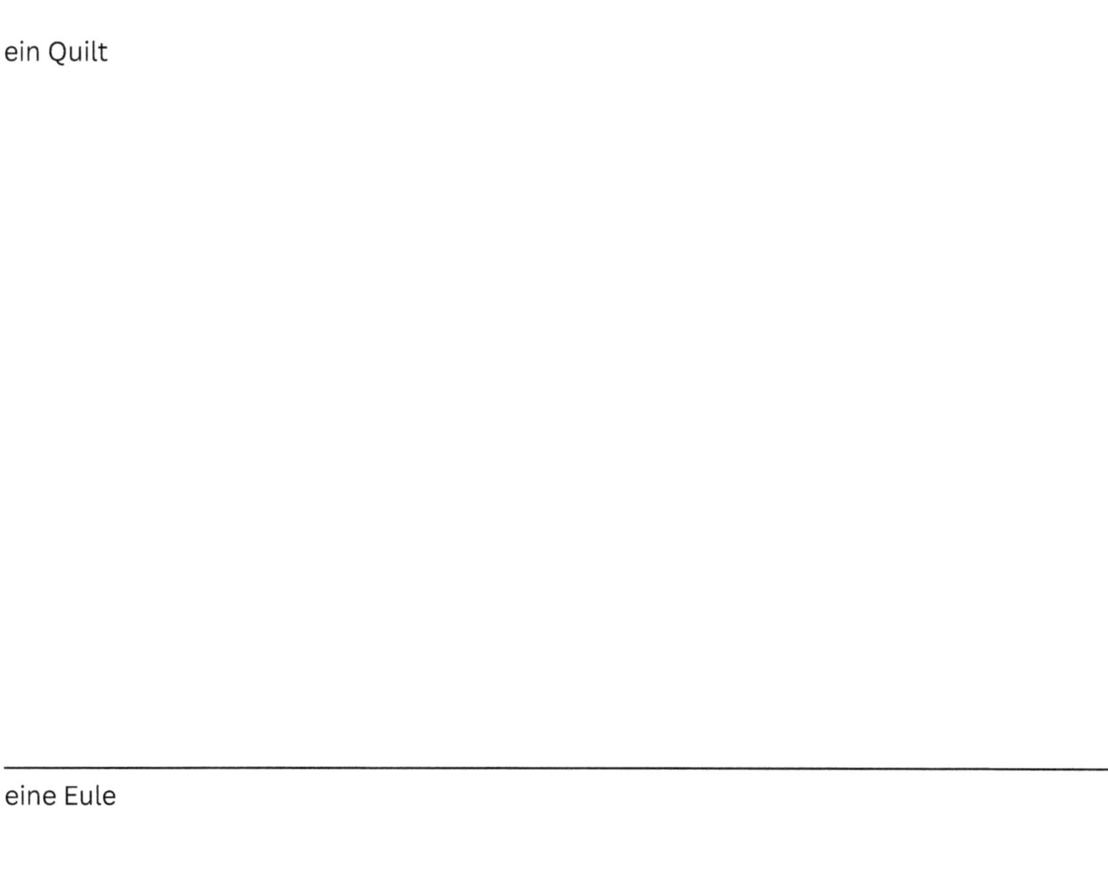

---

eine Eule

ein Regenschirm

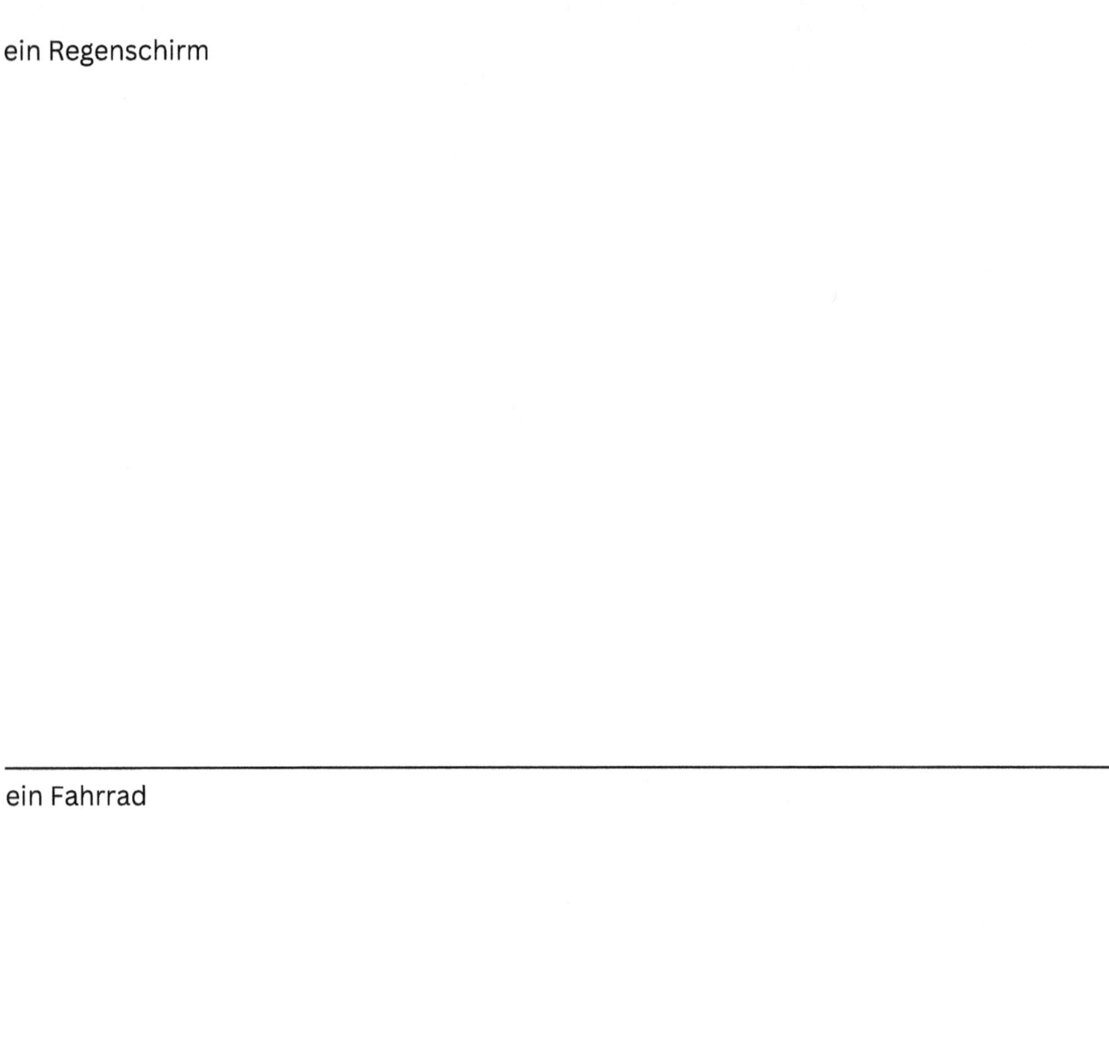

ein Fahrrad

ein Sonnenuntergang

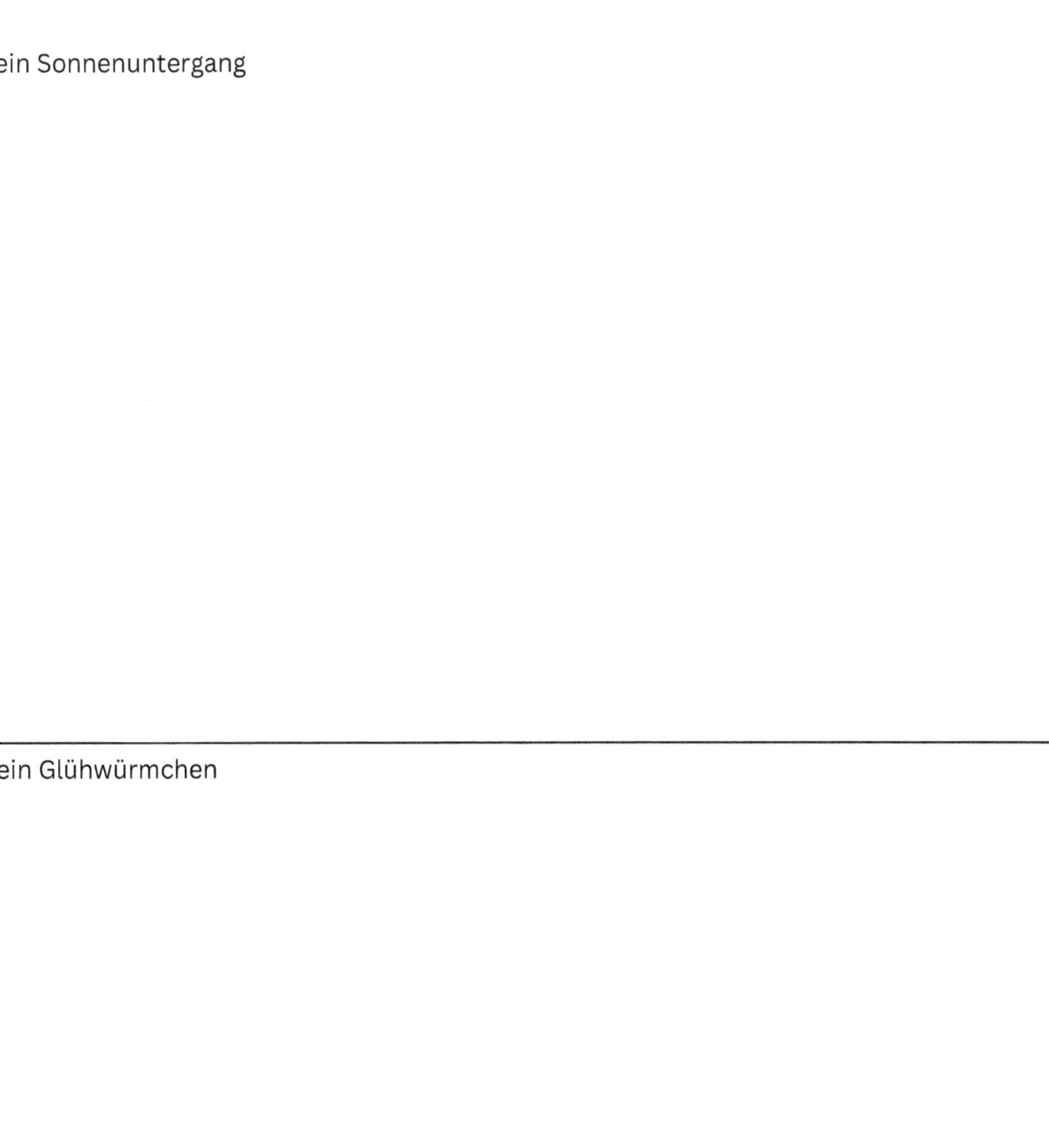

ein Glühwürmchen

ein Teleskop

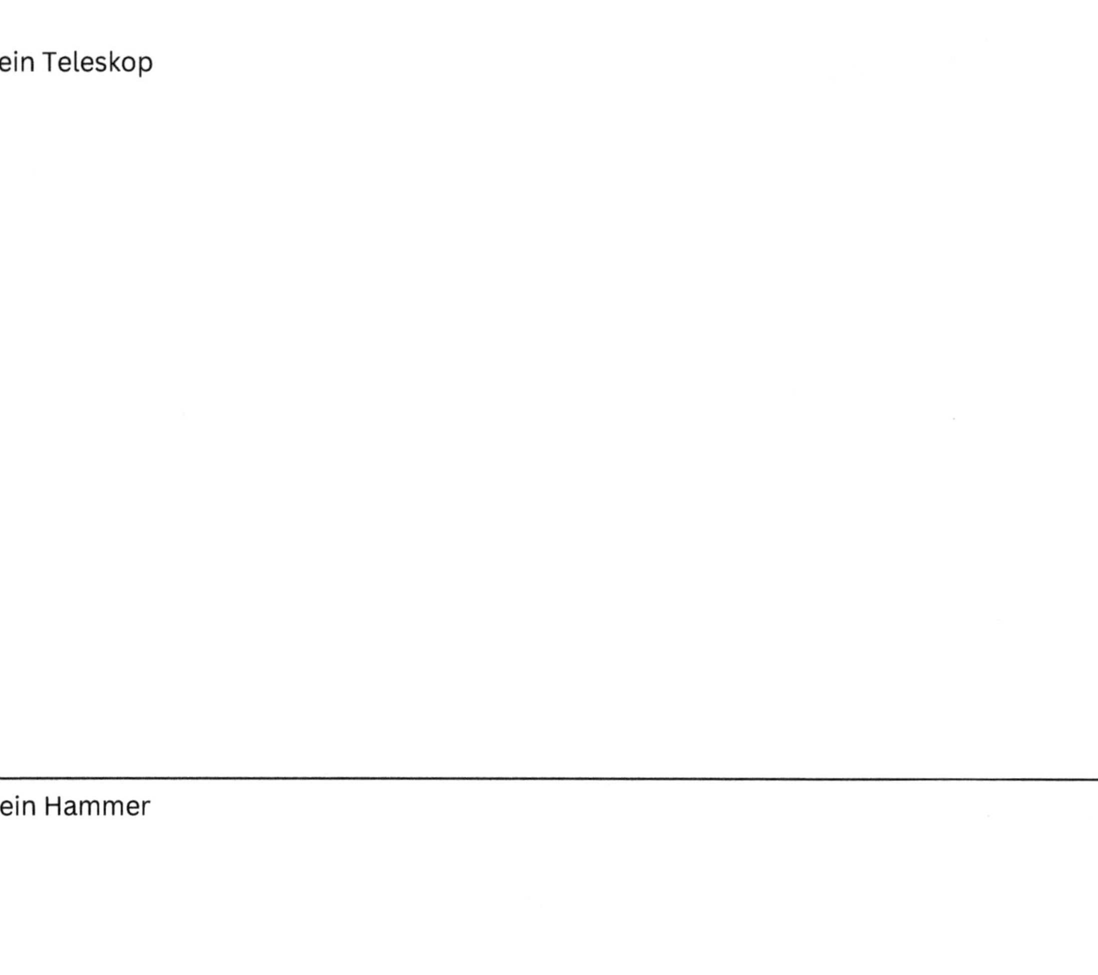

---

ein Hammer

ein Uhrwerk

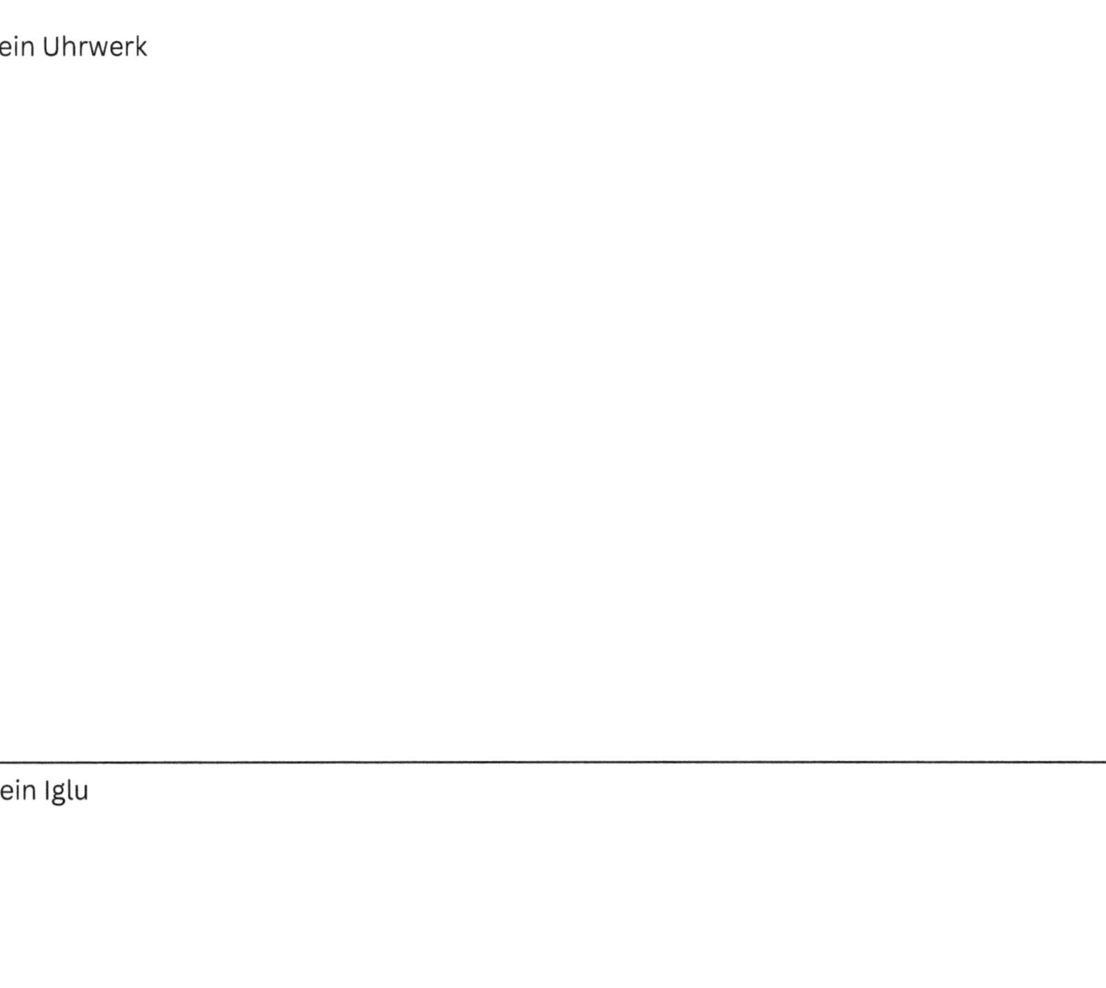

ein Iglu

ein Vogel

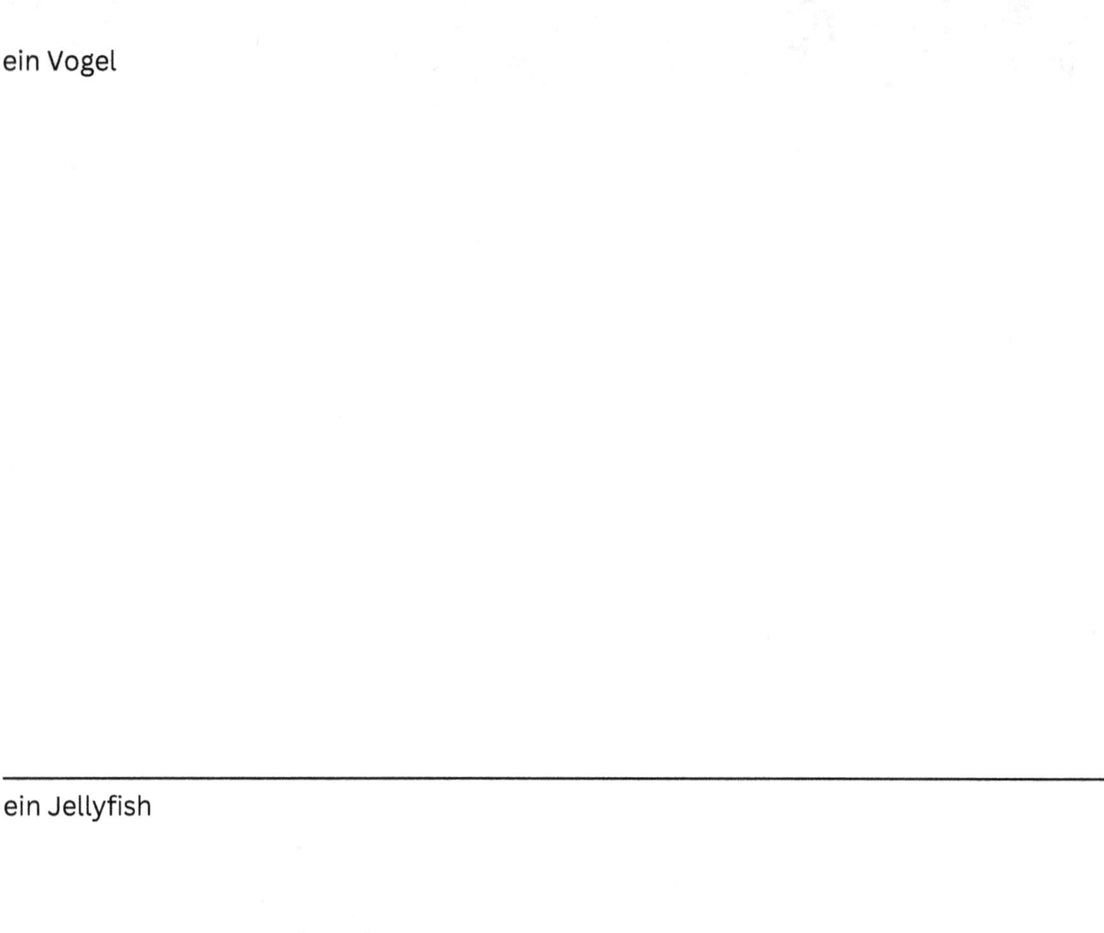

ein Jellyfish

ein Wasserfall

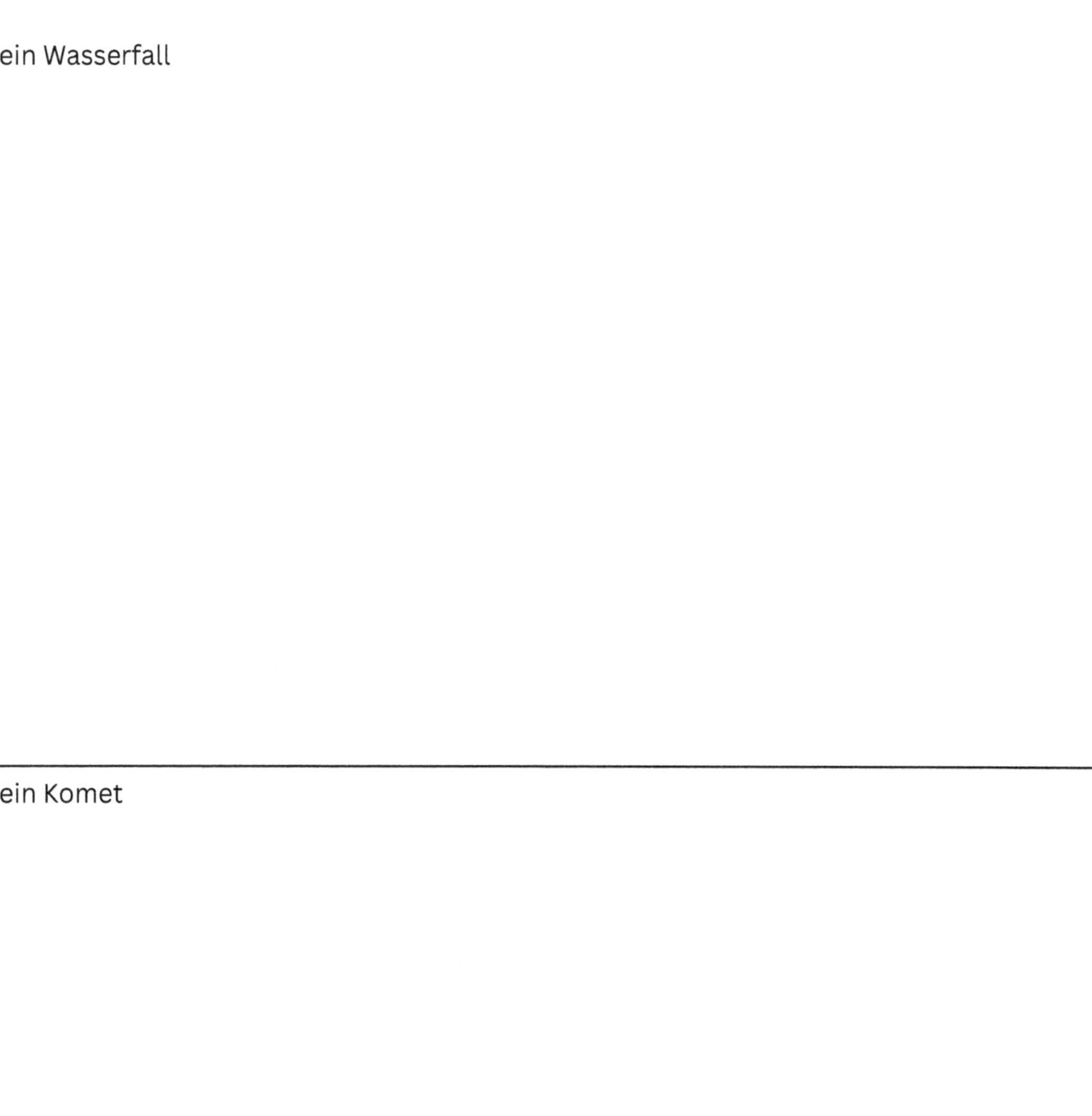

ein Komet

ein Xenonlicht

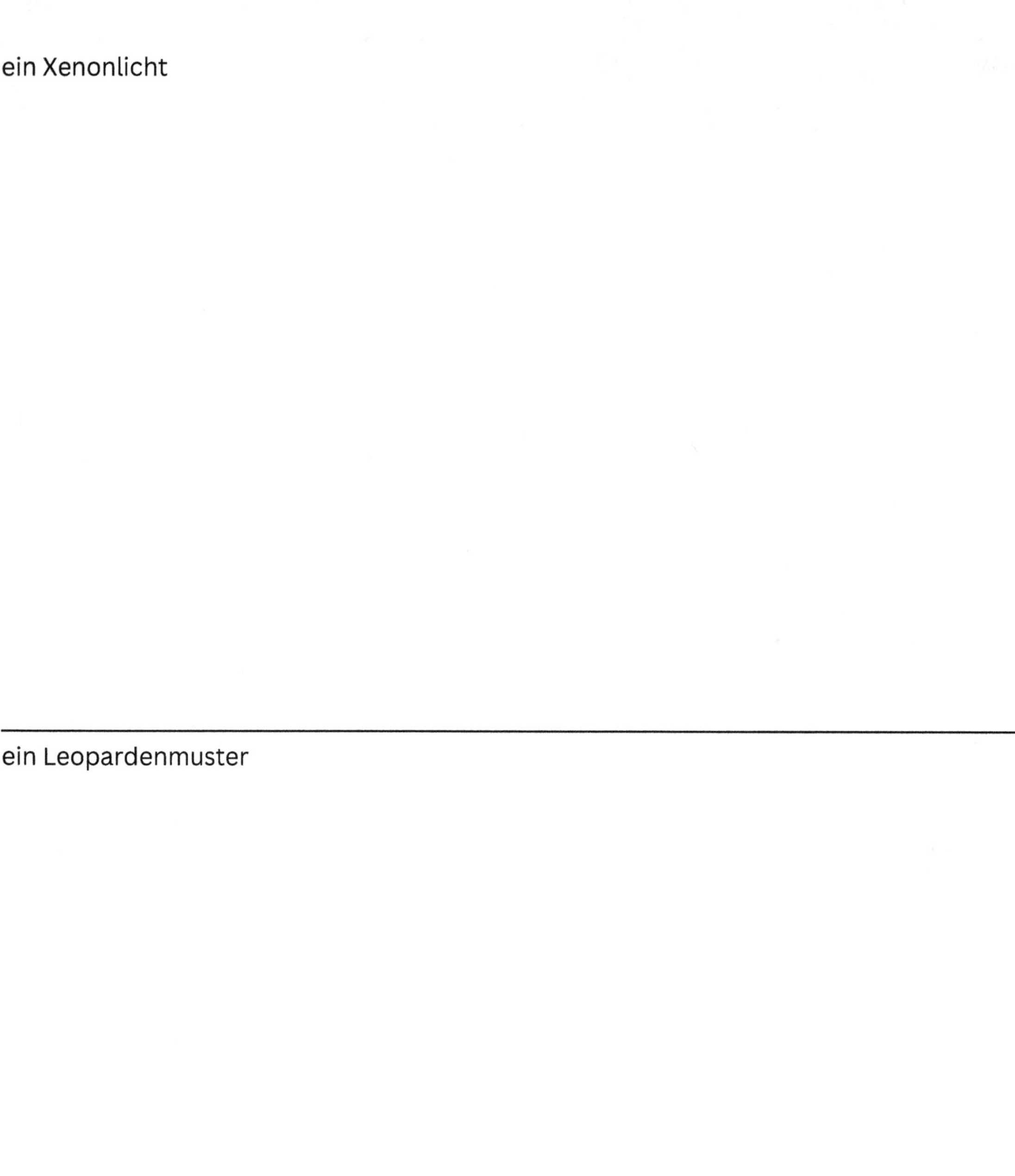

ein Leopardenmuster

ein Yoga-Matte

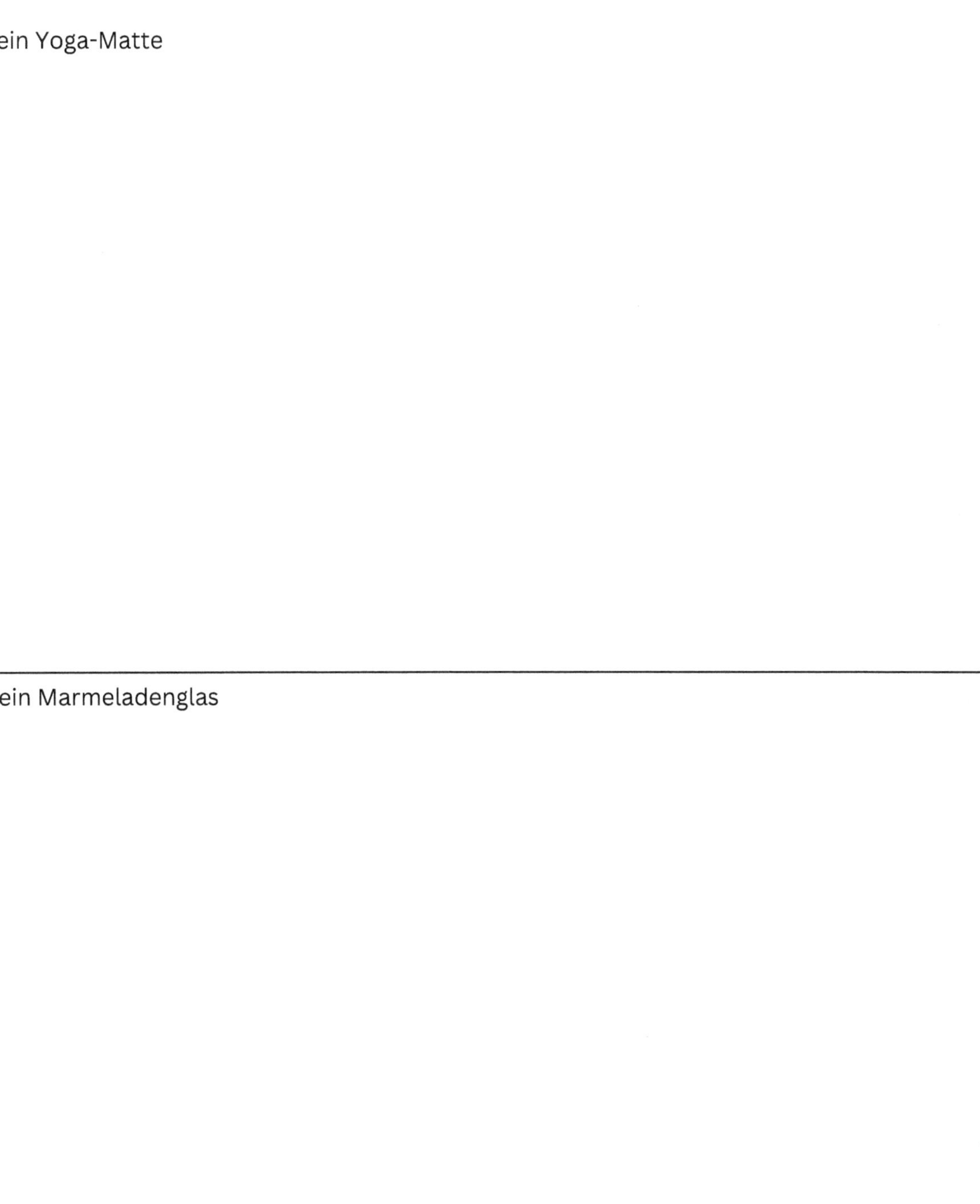

ein Marmeladenglas

ein Zebra

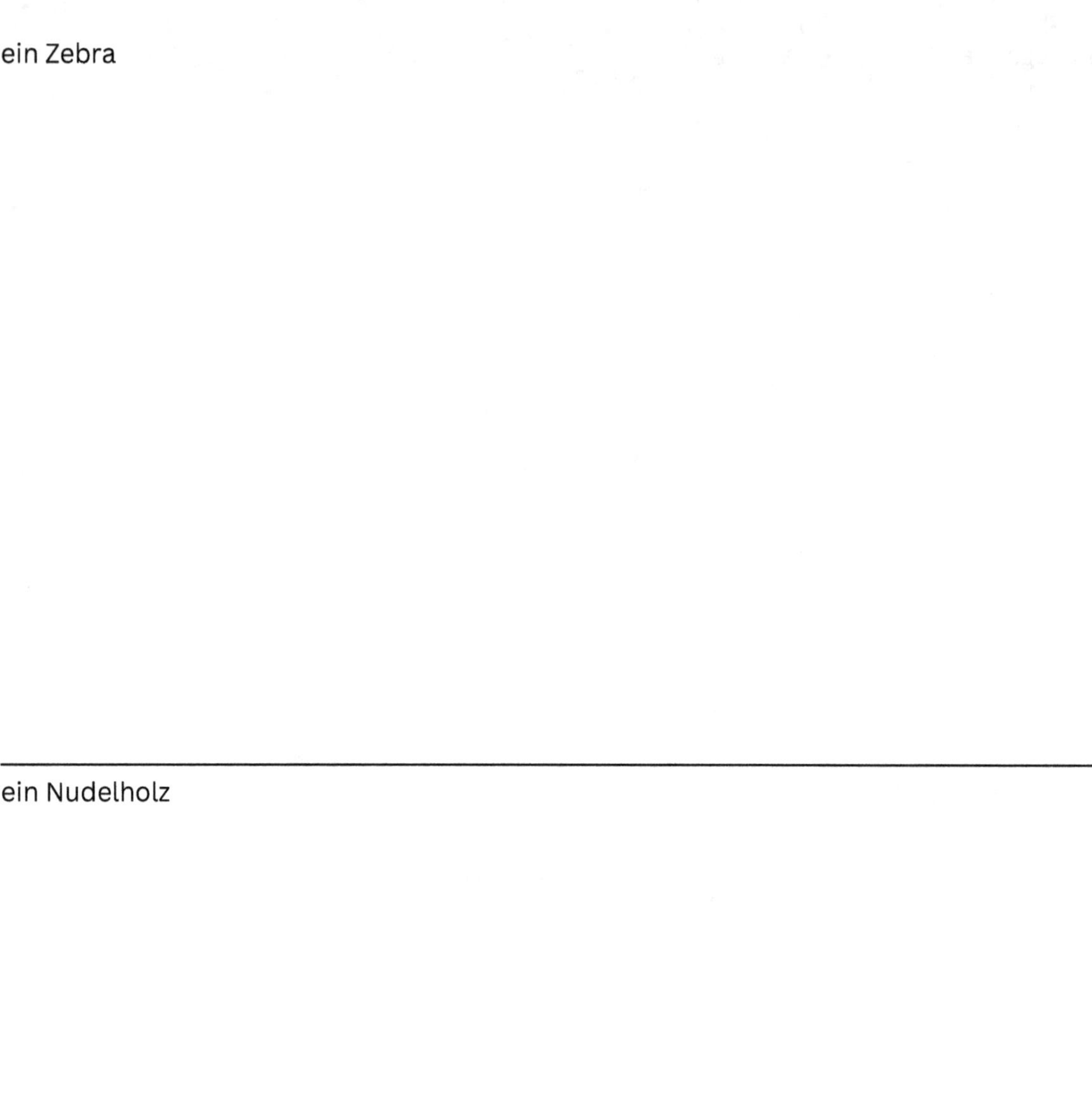

ein Nudelholz

ein Flugzeug

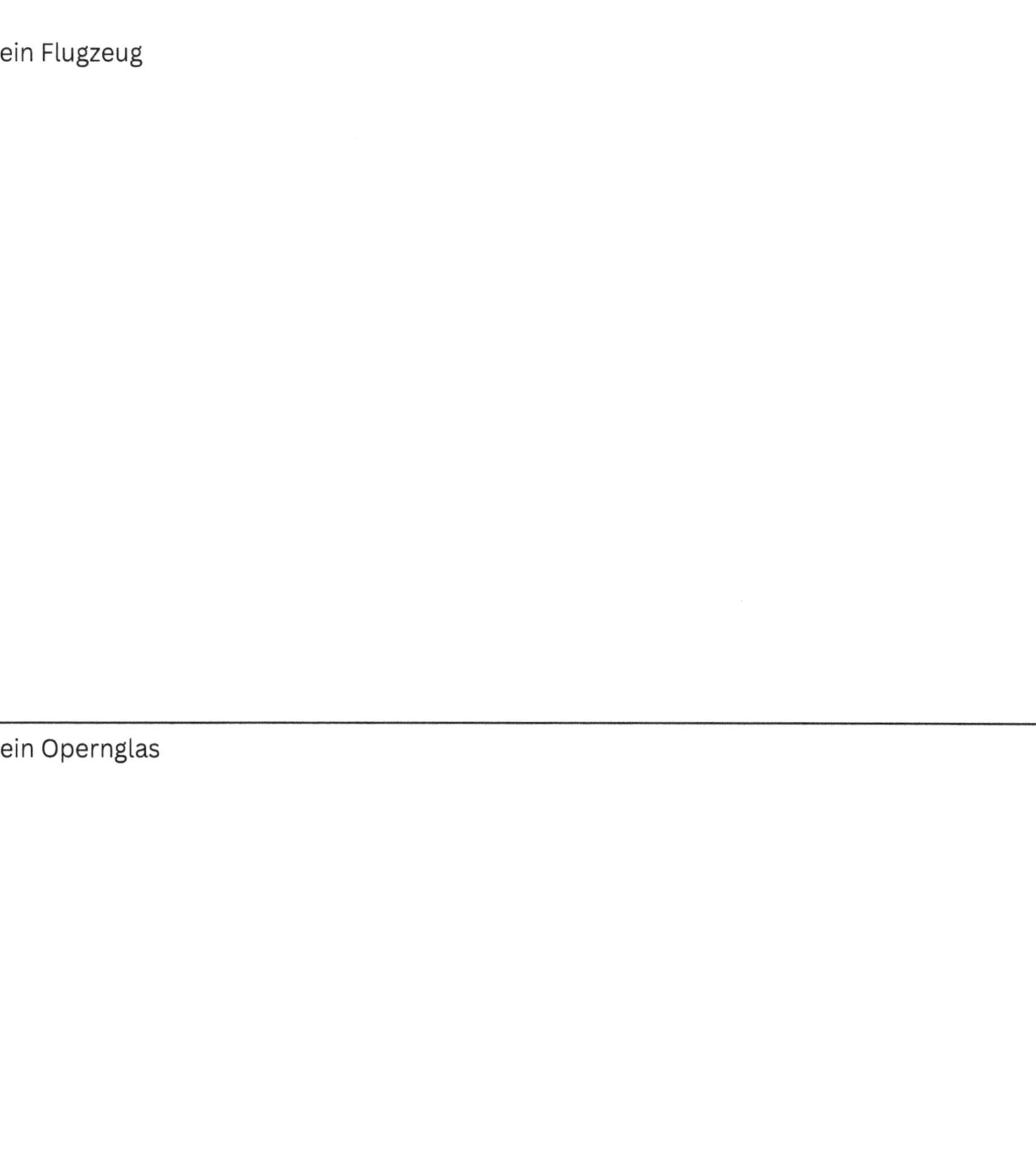

ein Opernglas

eine Gitarre

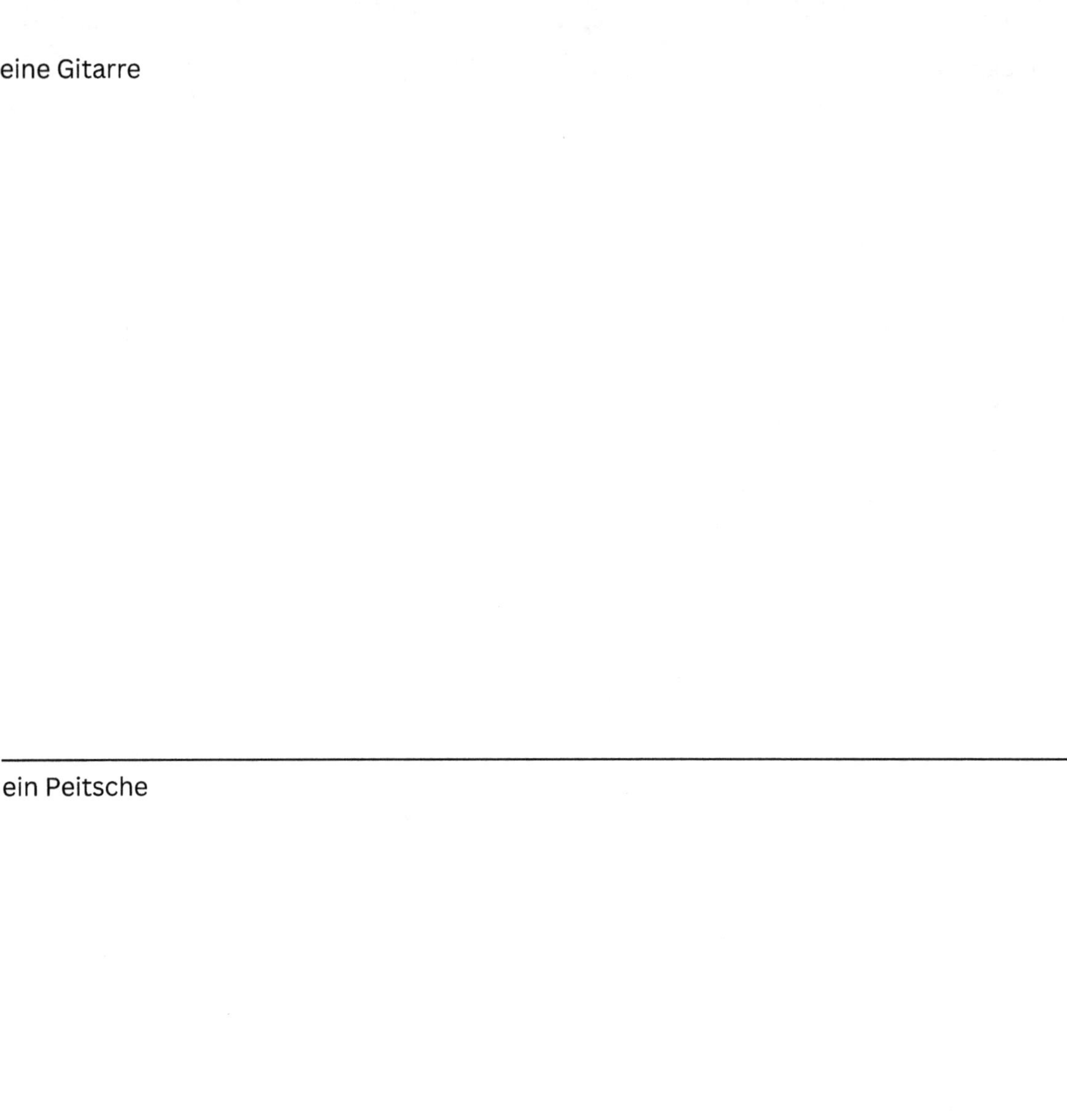

ein Peitsche

ein Hamburger

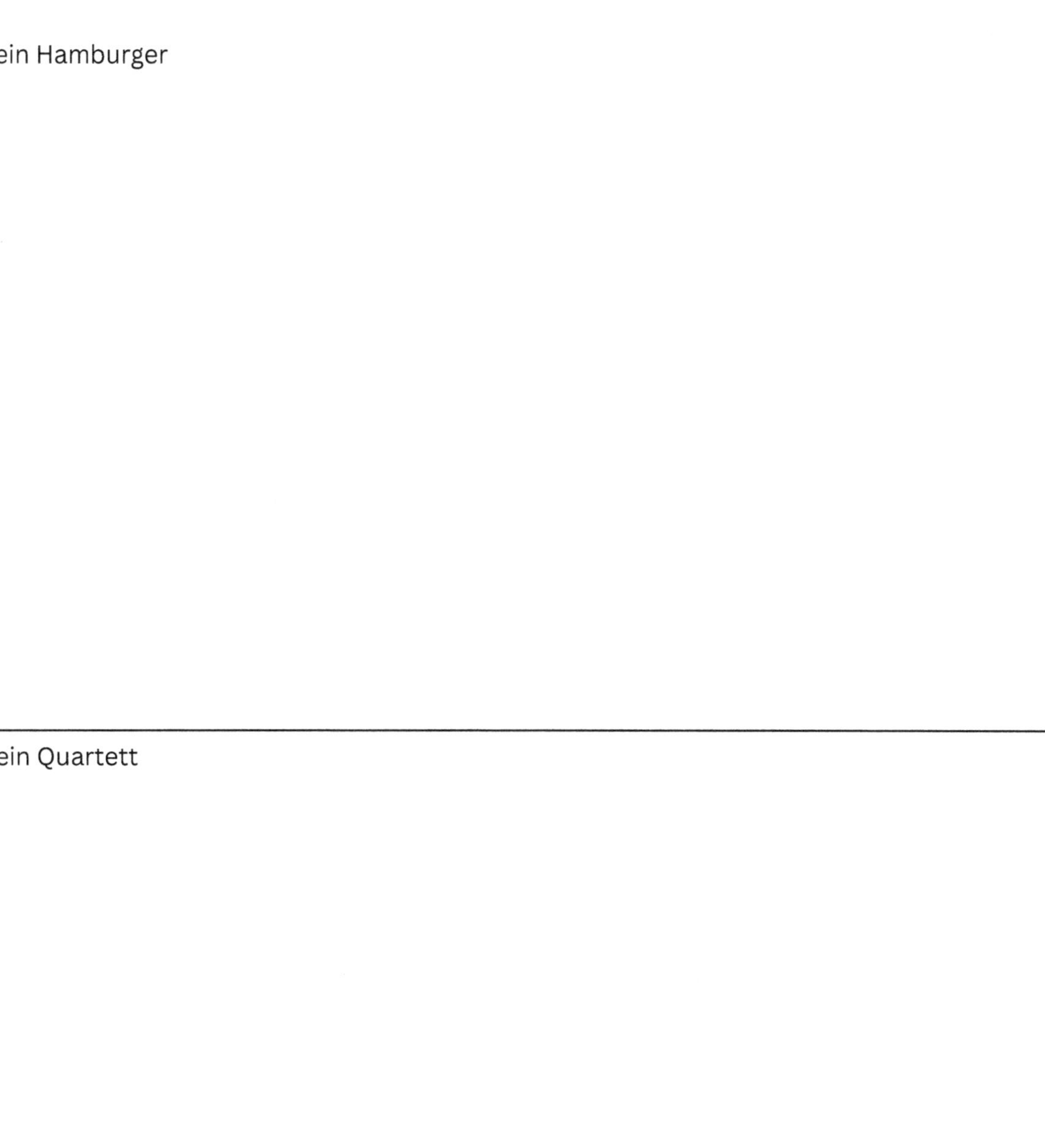

ein Quartett

eine Insel

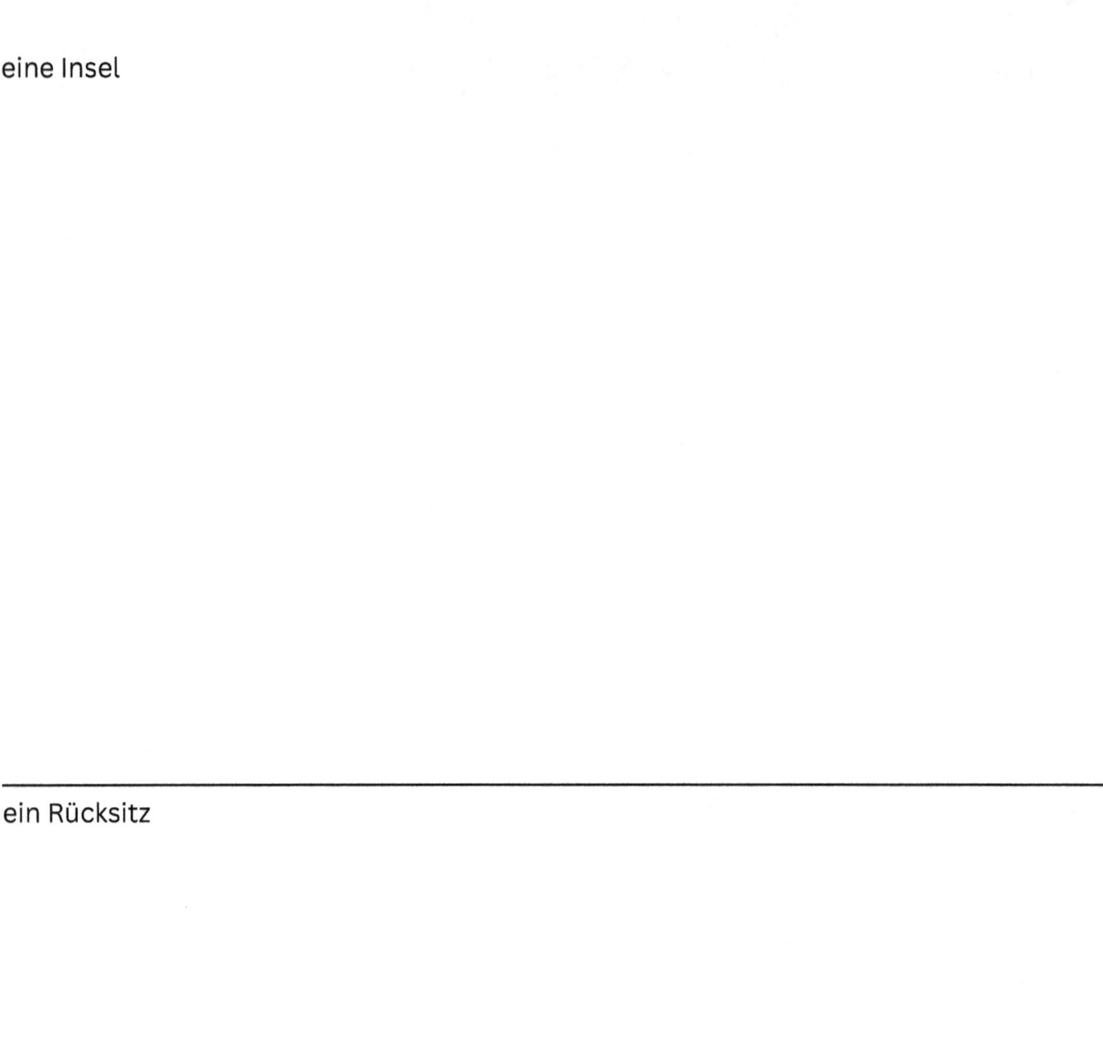

ein Rücksitz

ein Joystick

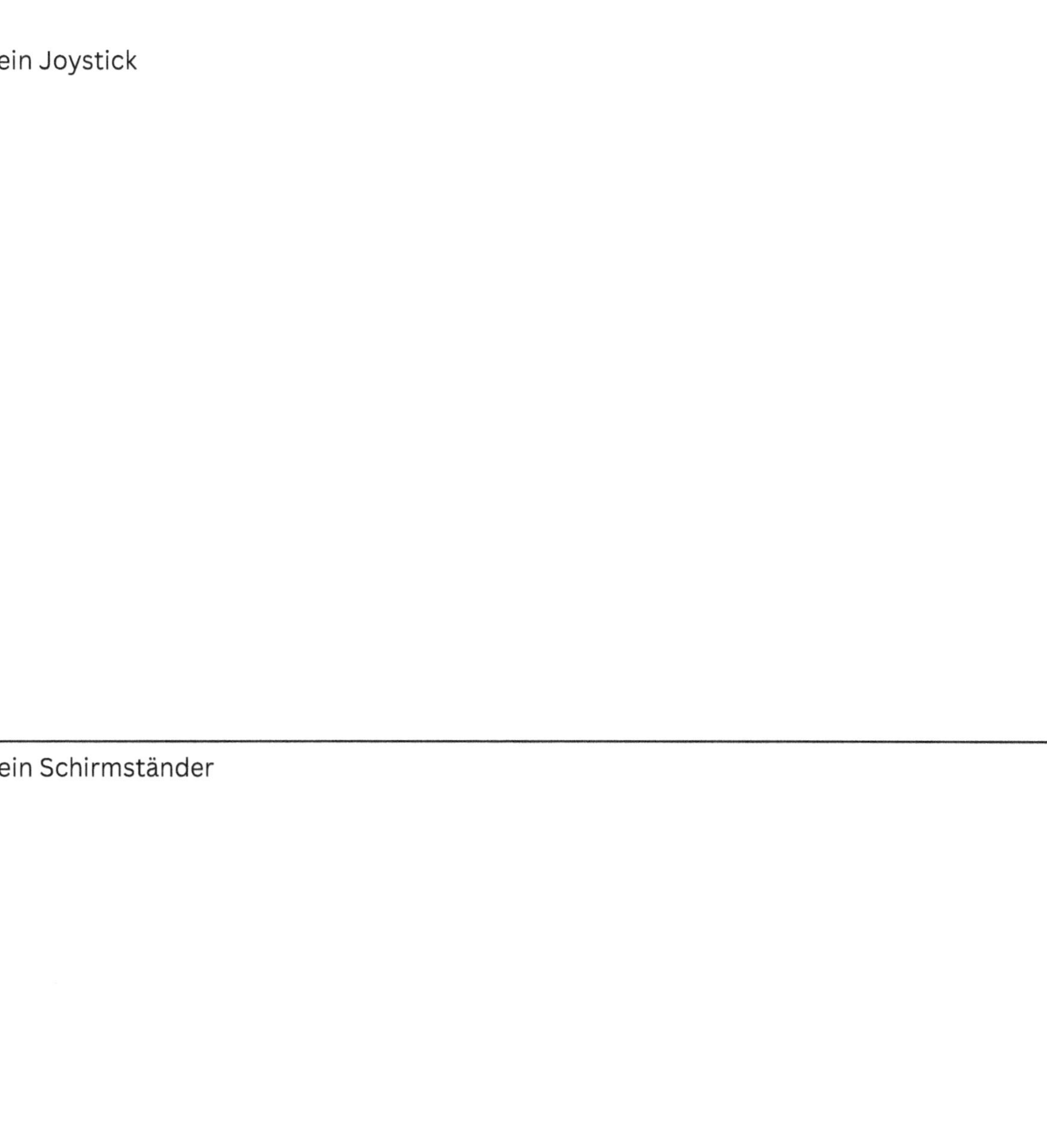

ein Schirmständer

ein Kühlschrank

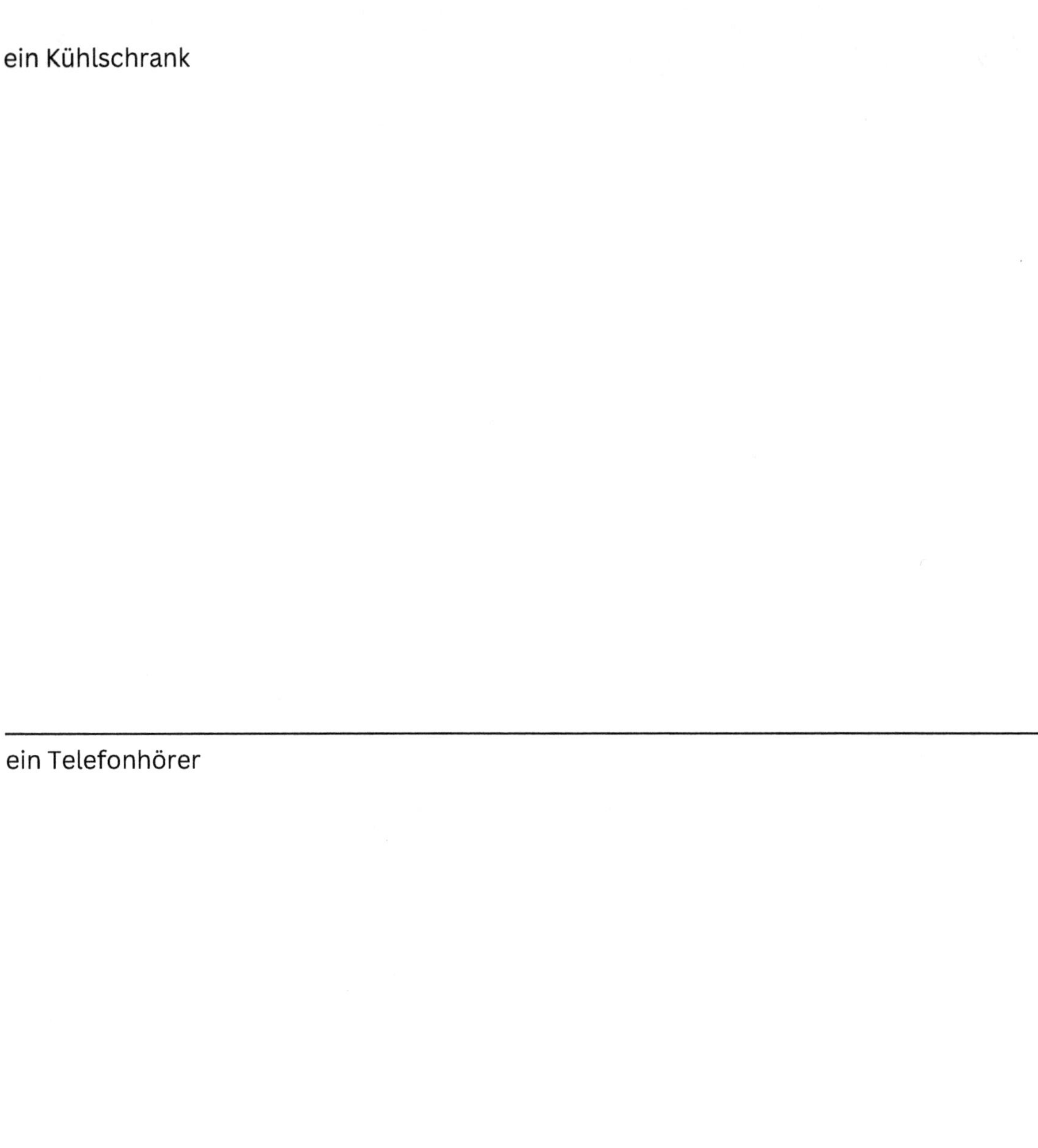

ein Telefonhörer

ein Leuchtturm

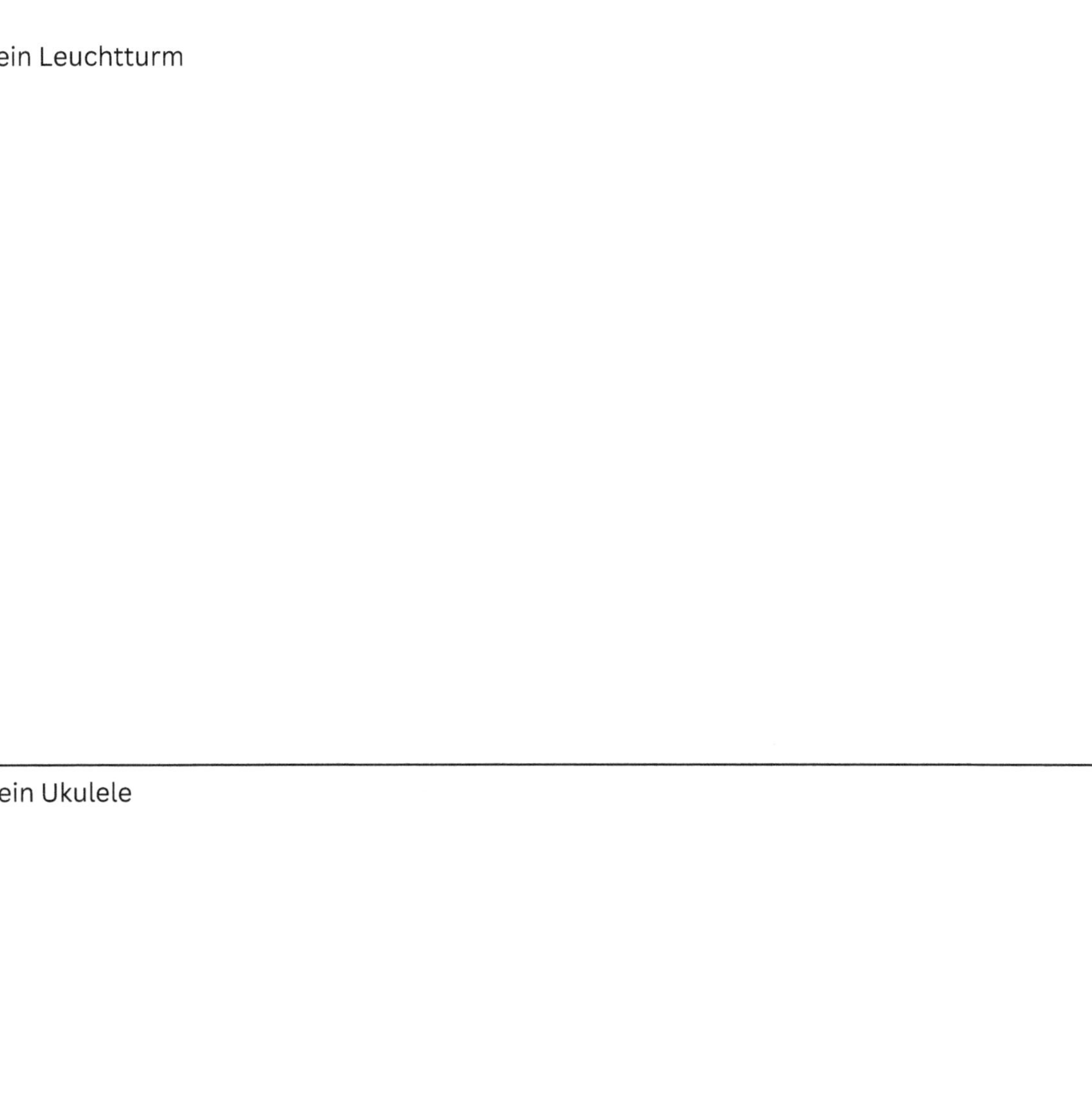

ein Ukulele

ein Mikroskop

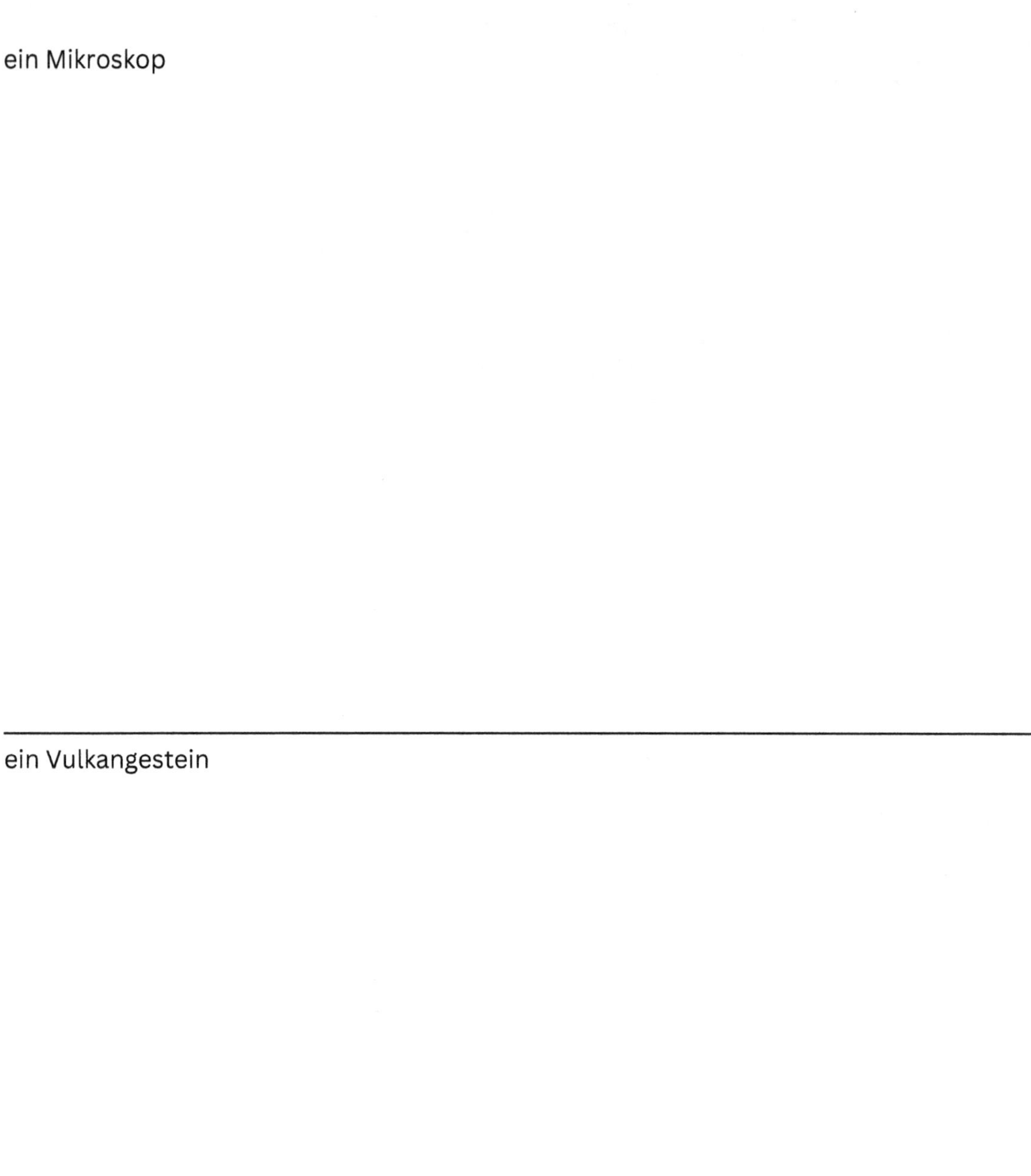

ein Vulkangestein

ein Nashorn

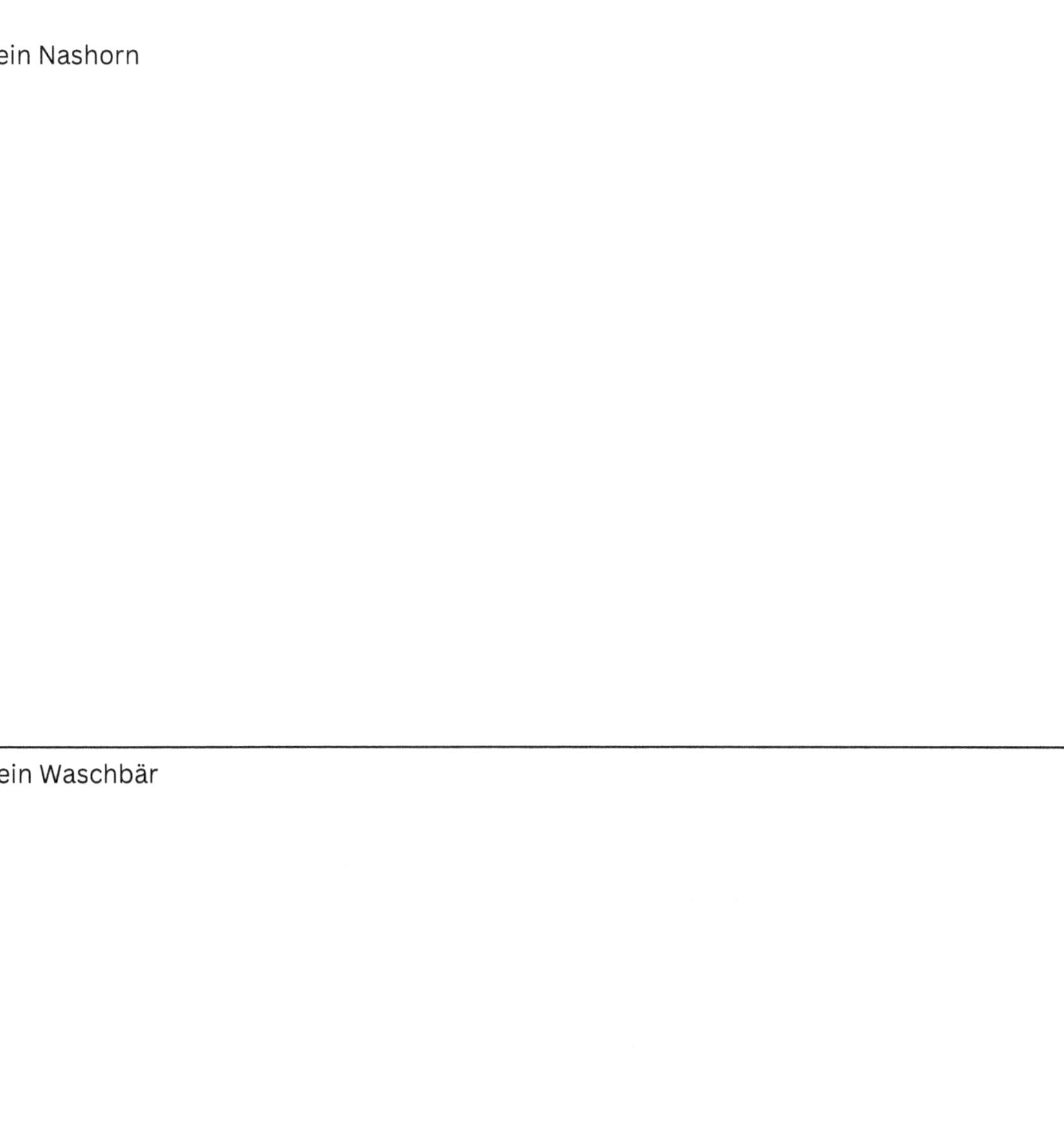

---

ein Waschbär

ein Orchester

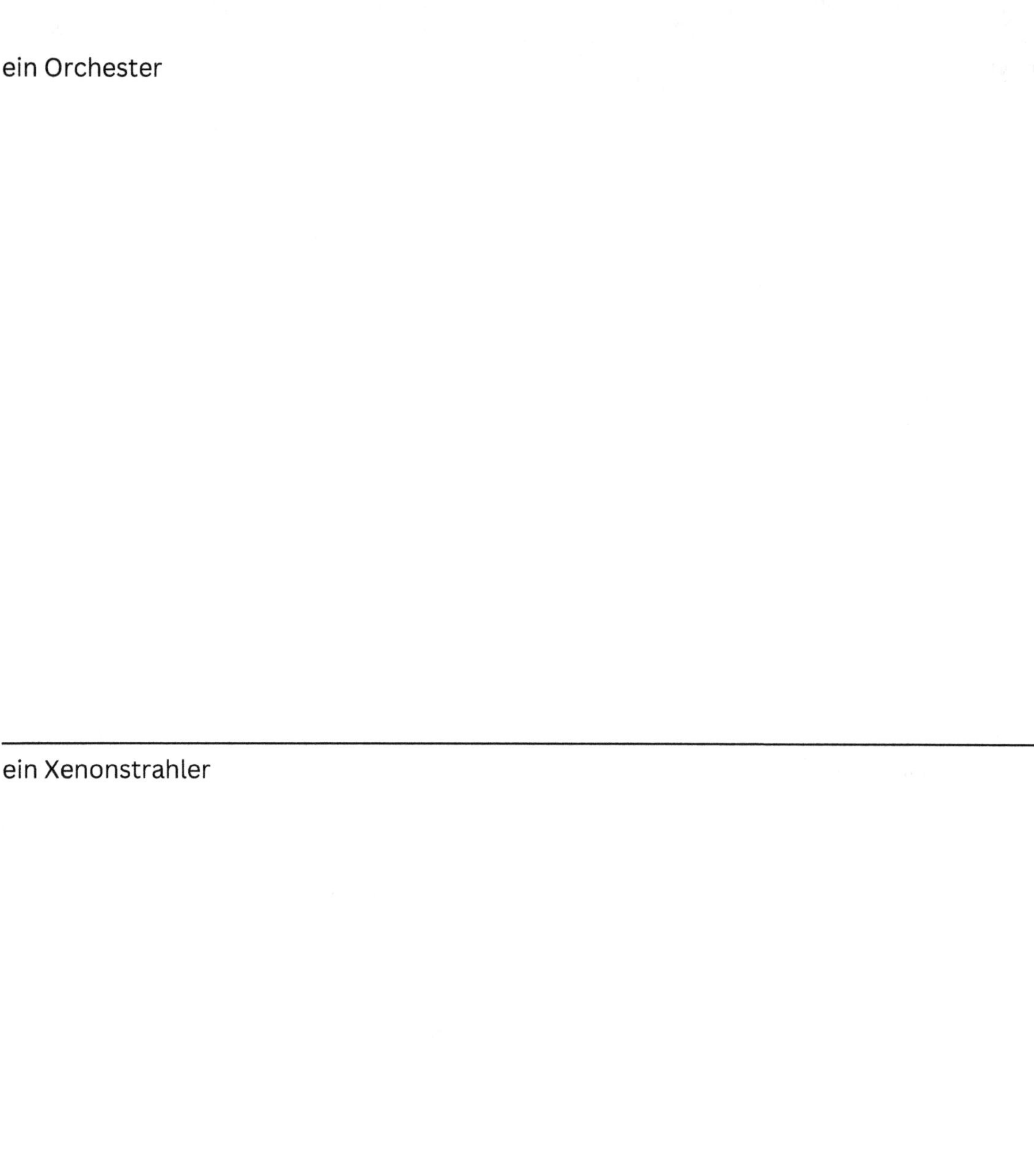

ein Xenonstrahler

eine Palme

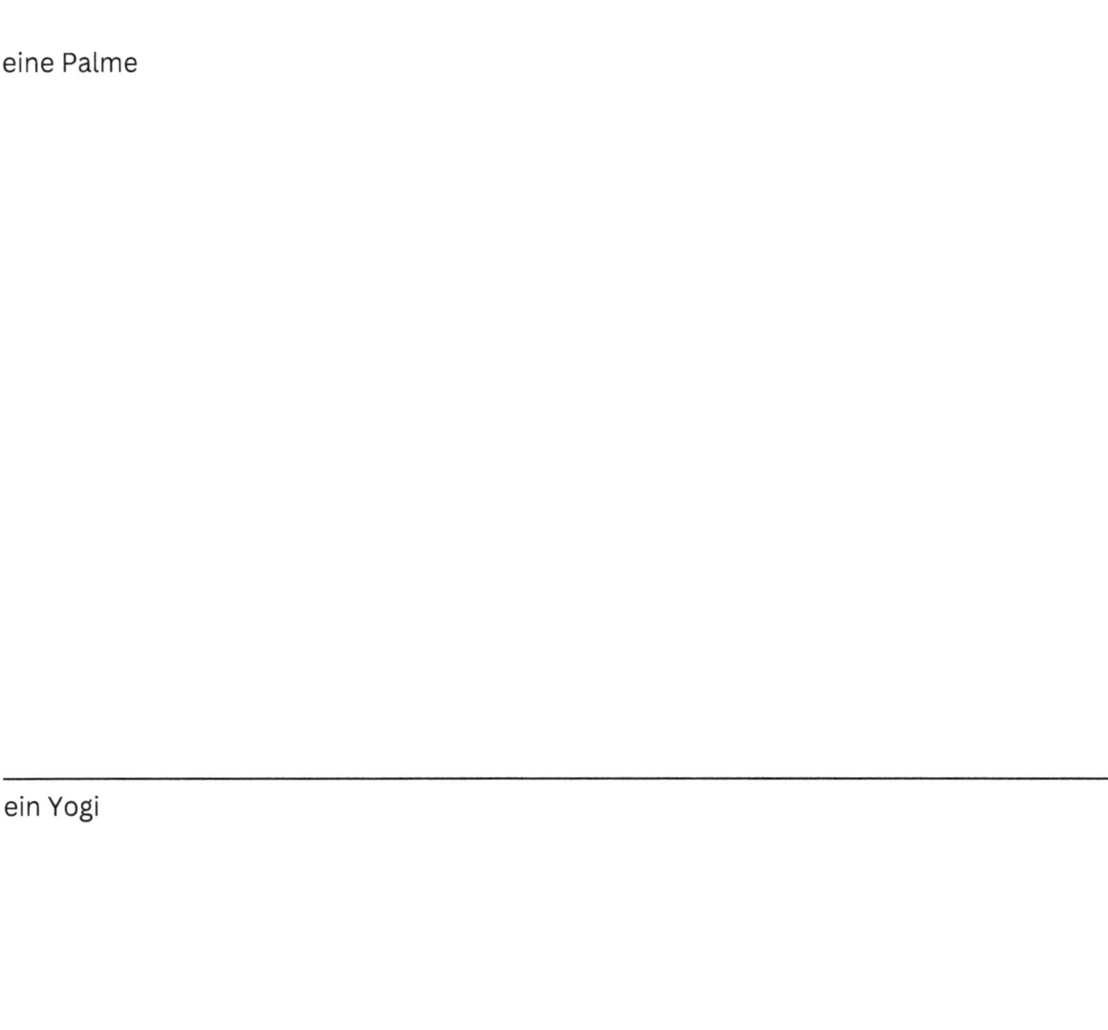

ein Yogi

ein Quokka

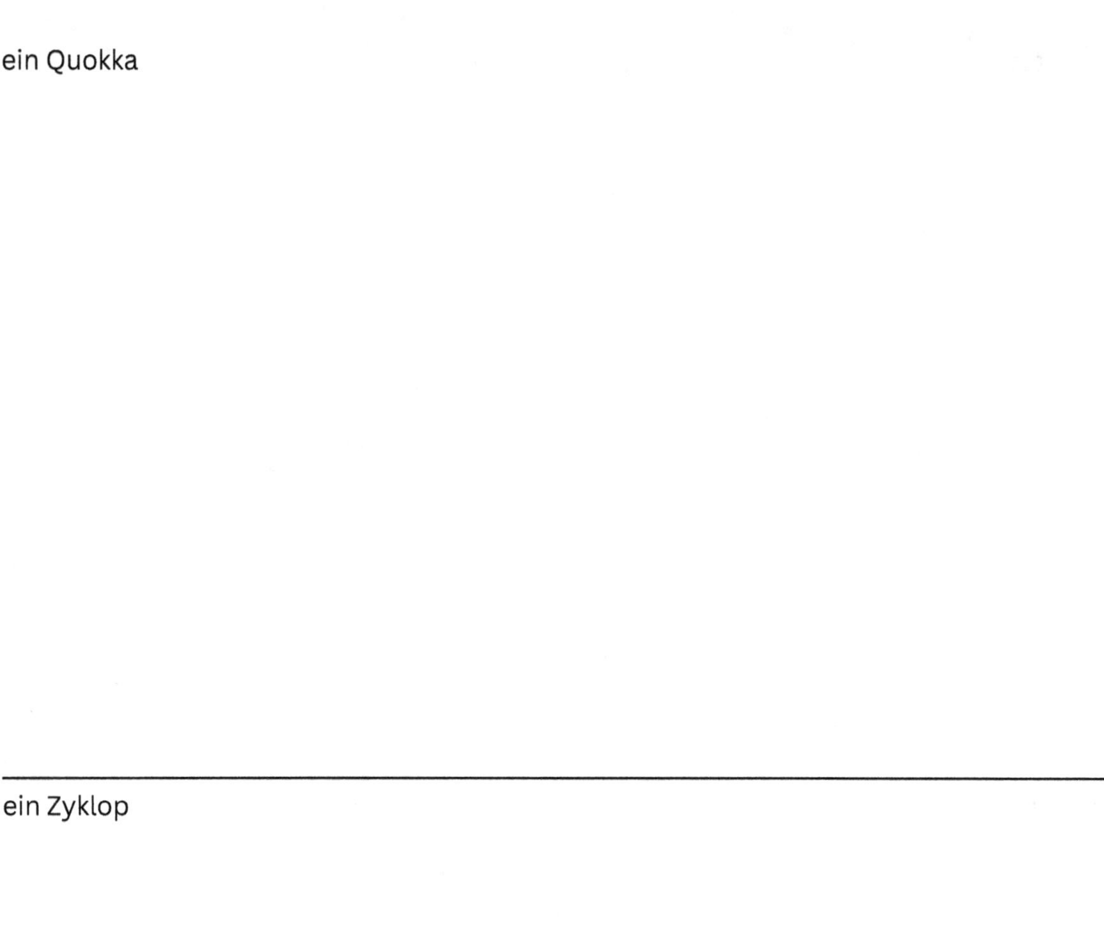

ein Zyklop

ein Roboter

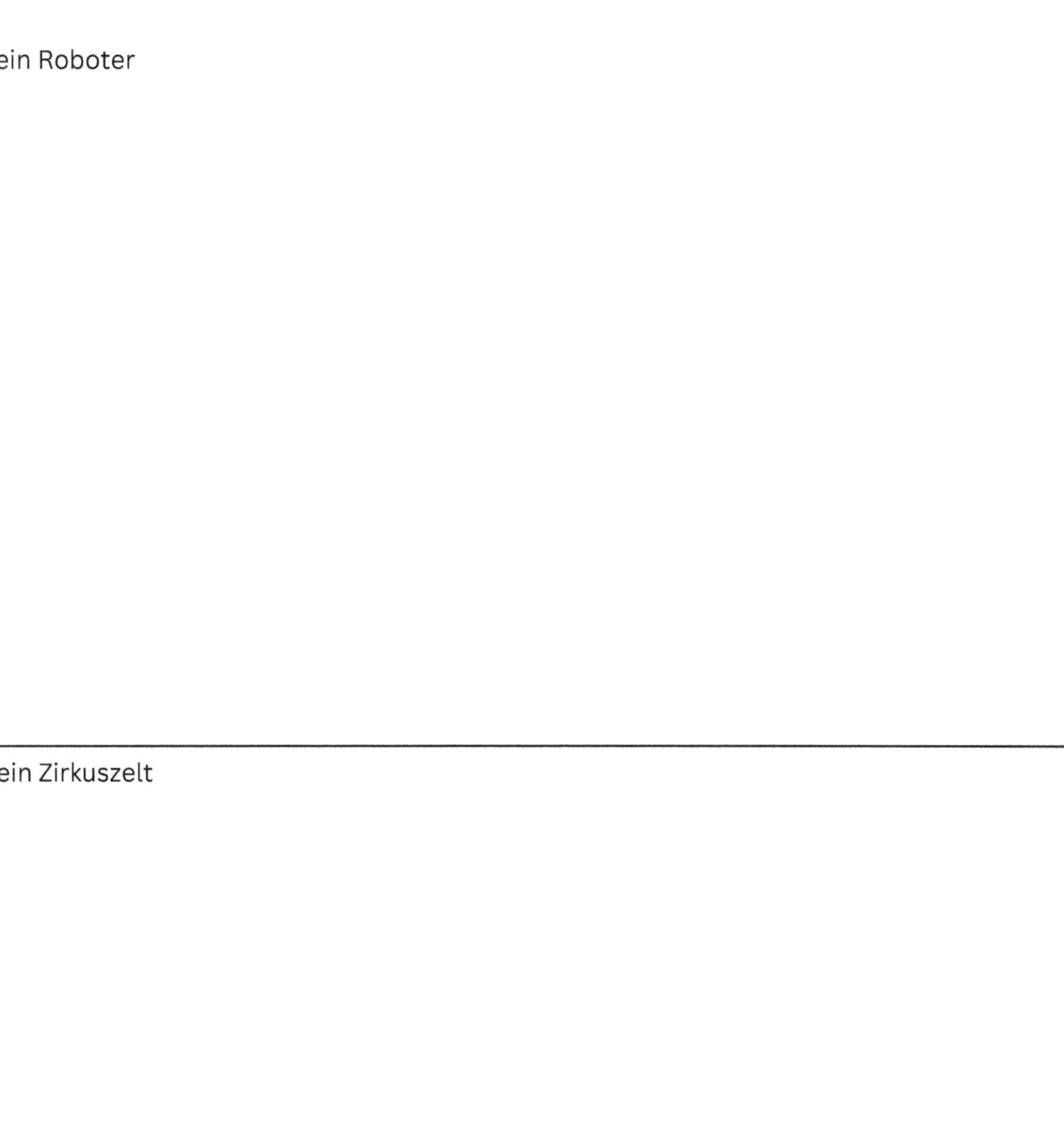

ein Zirkuszelt

ein Schmetterling

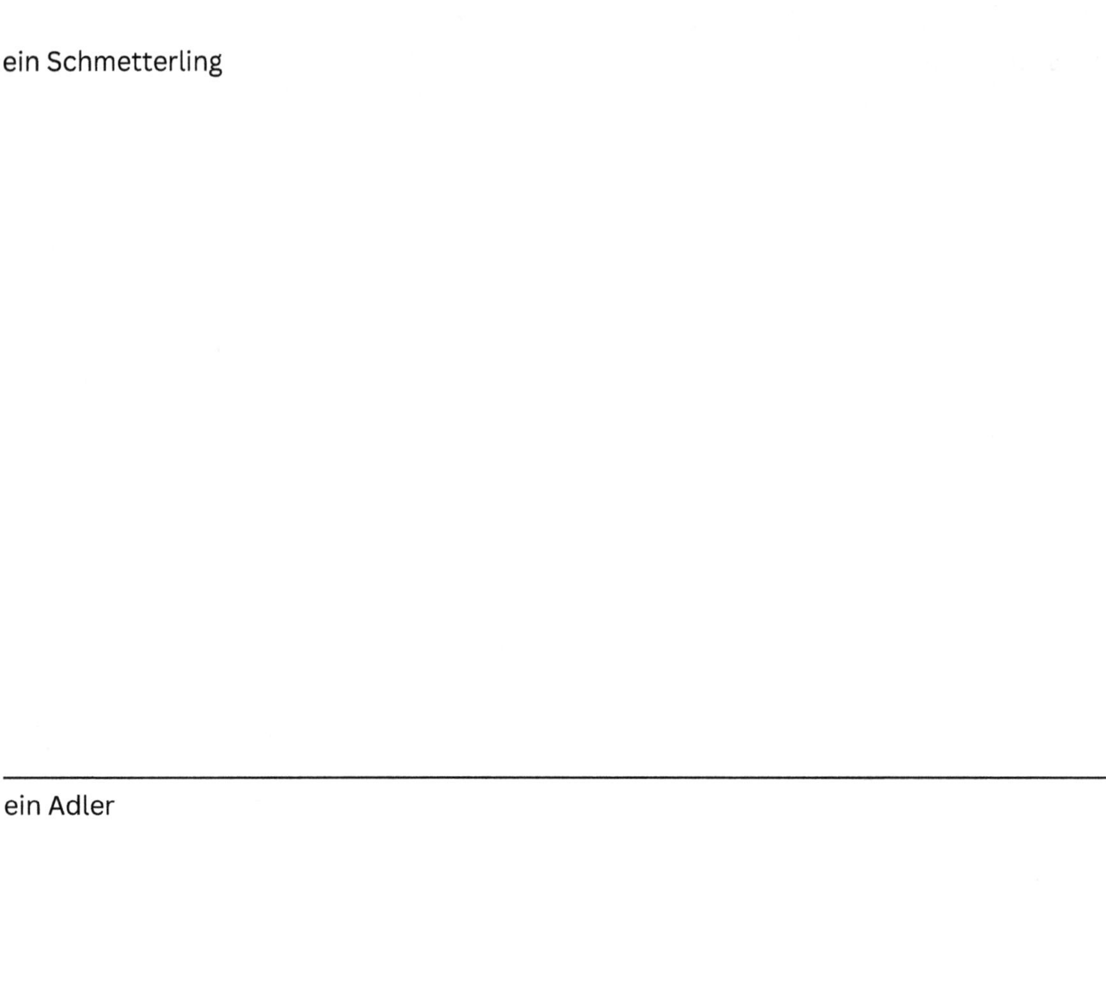

ein Adler

ein Tornado

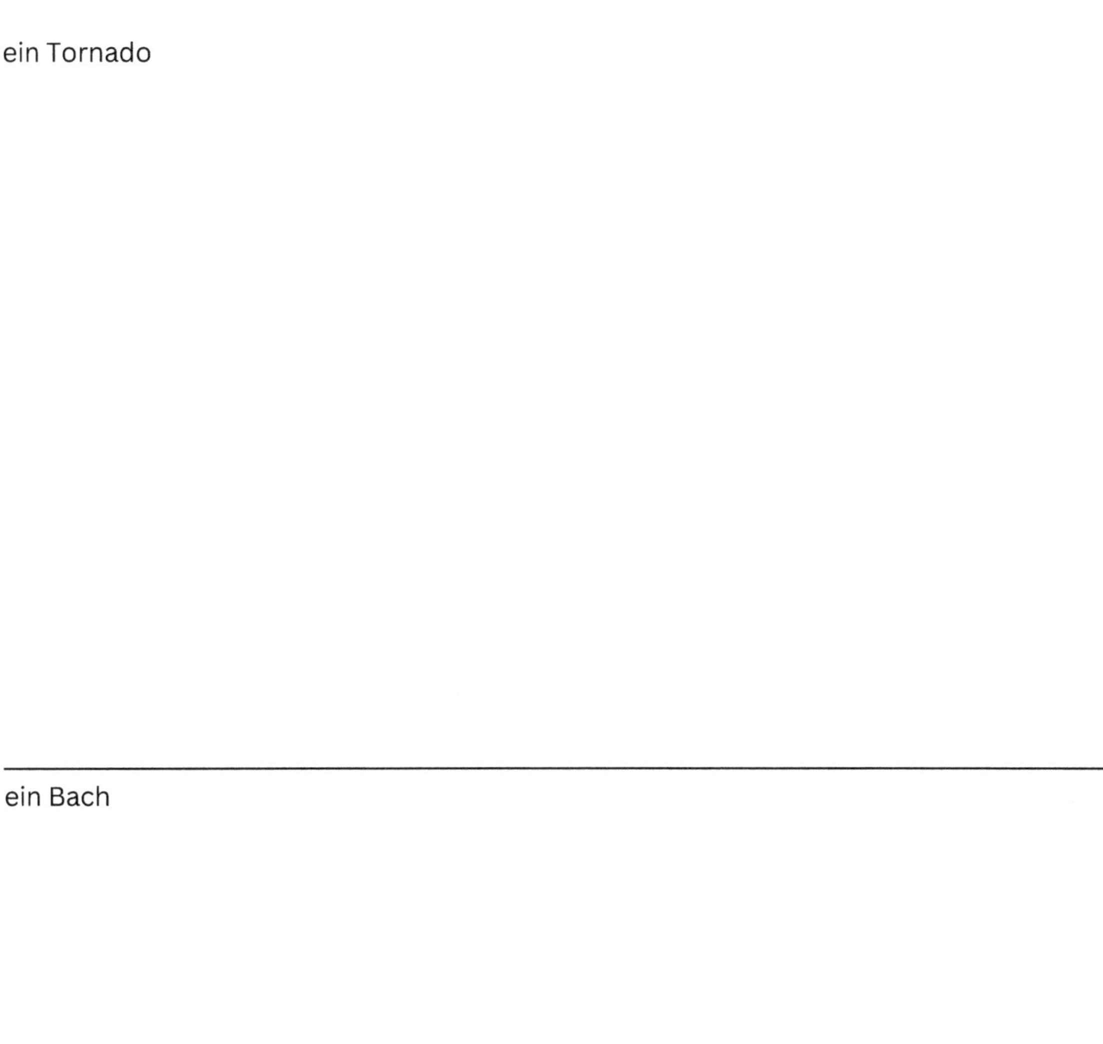

ein Bach

ein U-Boot

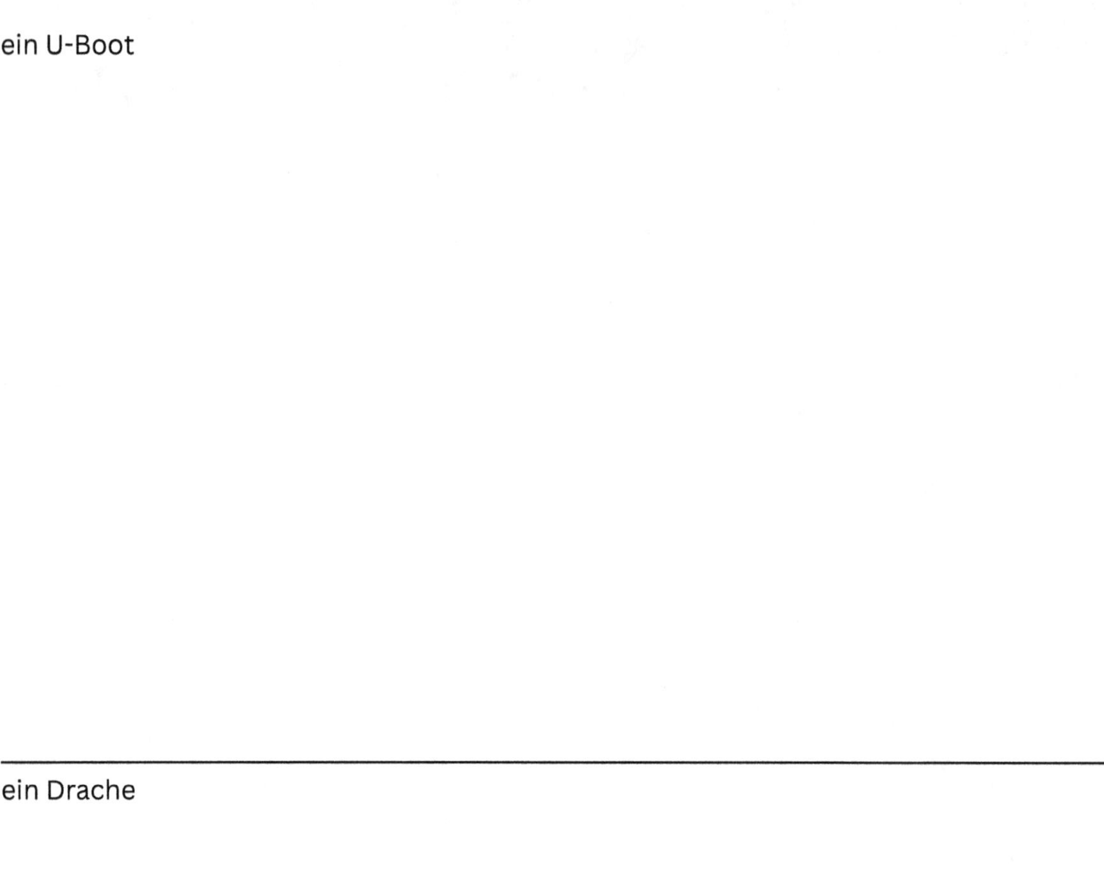

ein Drache

ein Vulkan

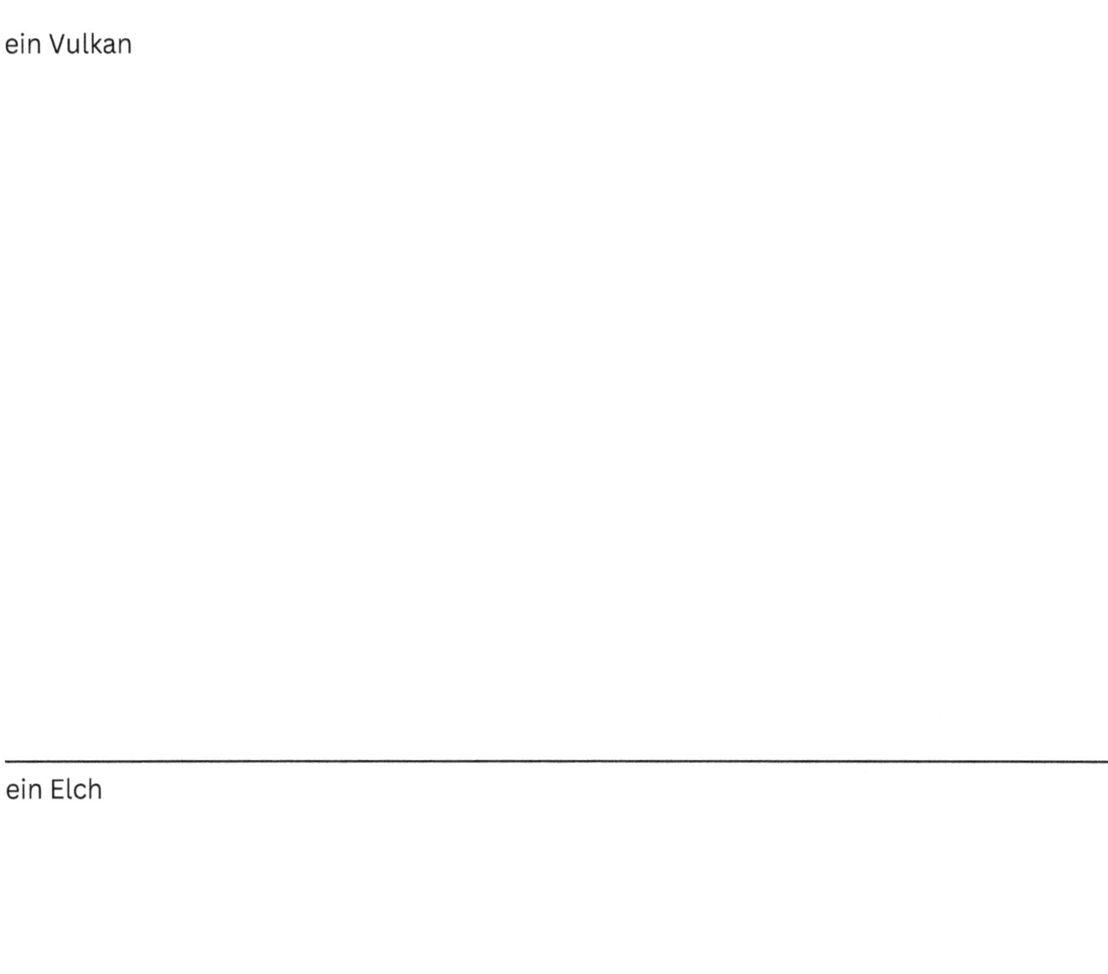

---

ein Elch

ein Wolkenkratzer

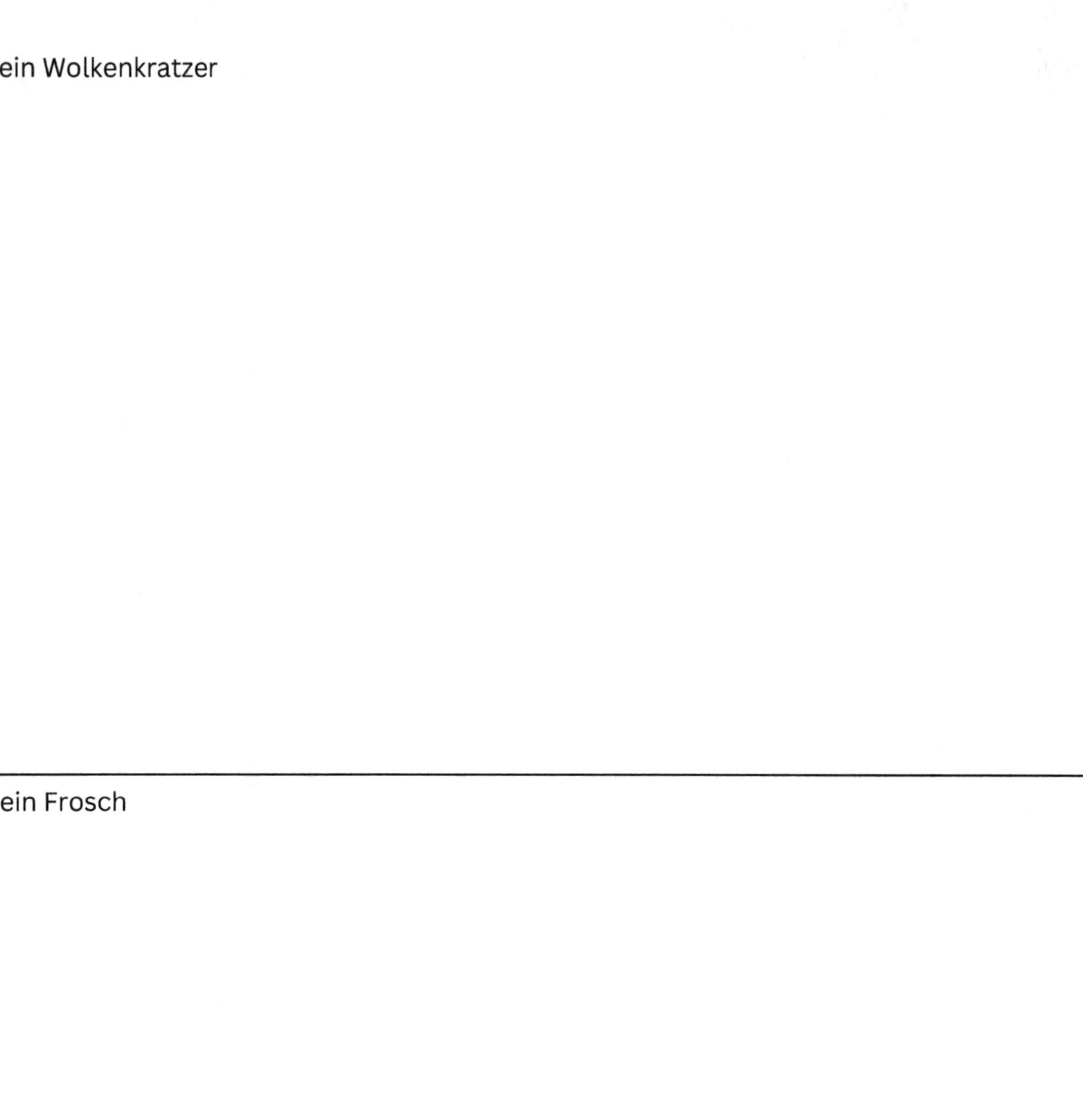

___________________________________________________________

ein Frosch

ein xylophon

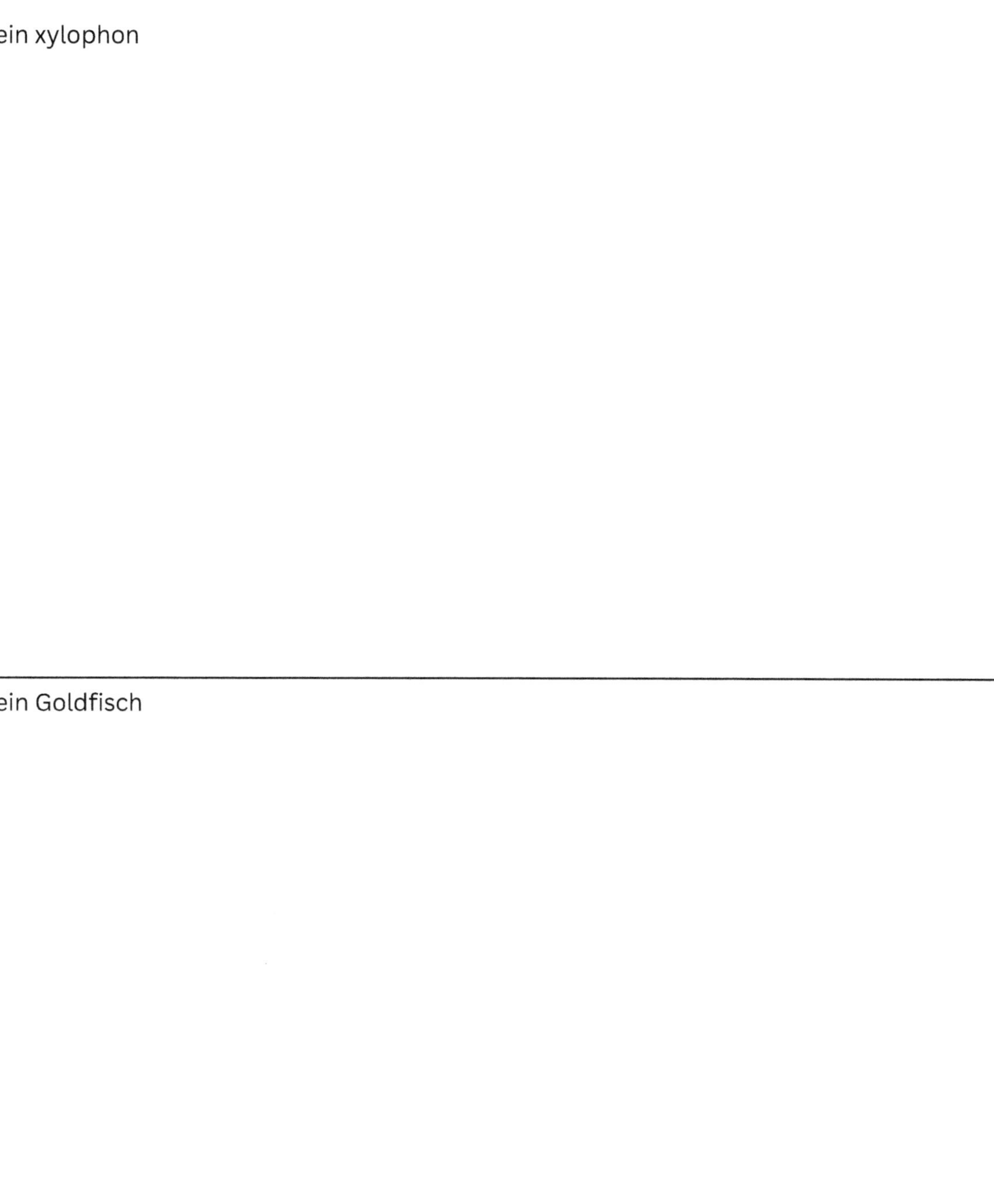

ein Goldfisch

ein Yacht

ein Hahn

ein Zelt

ein Ibis

eine Ampel

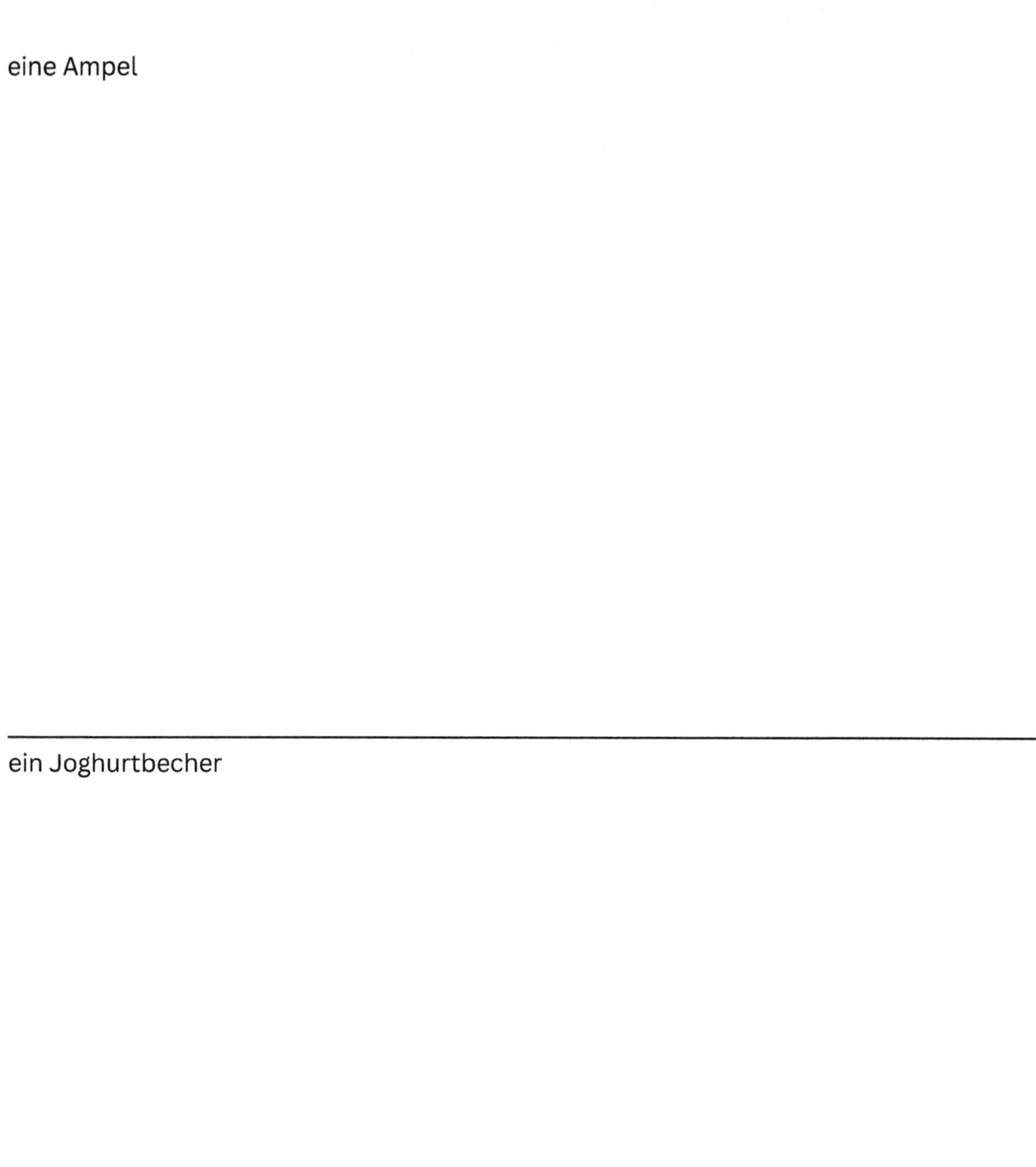

ein Joghurtbecher

ein Bücherregal

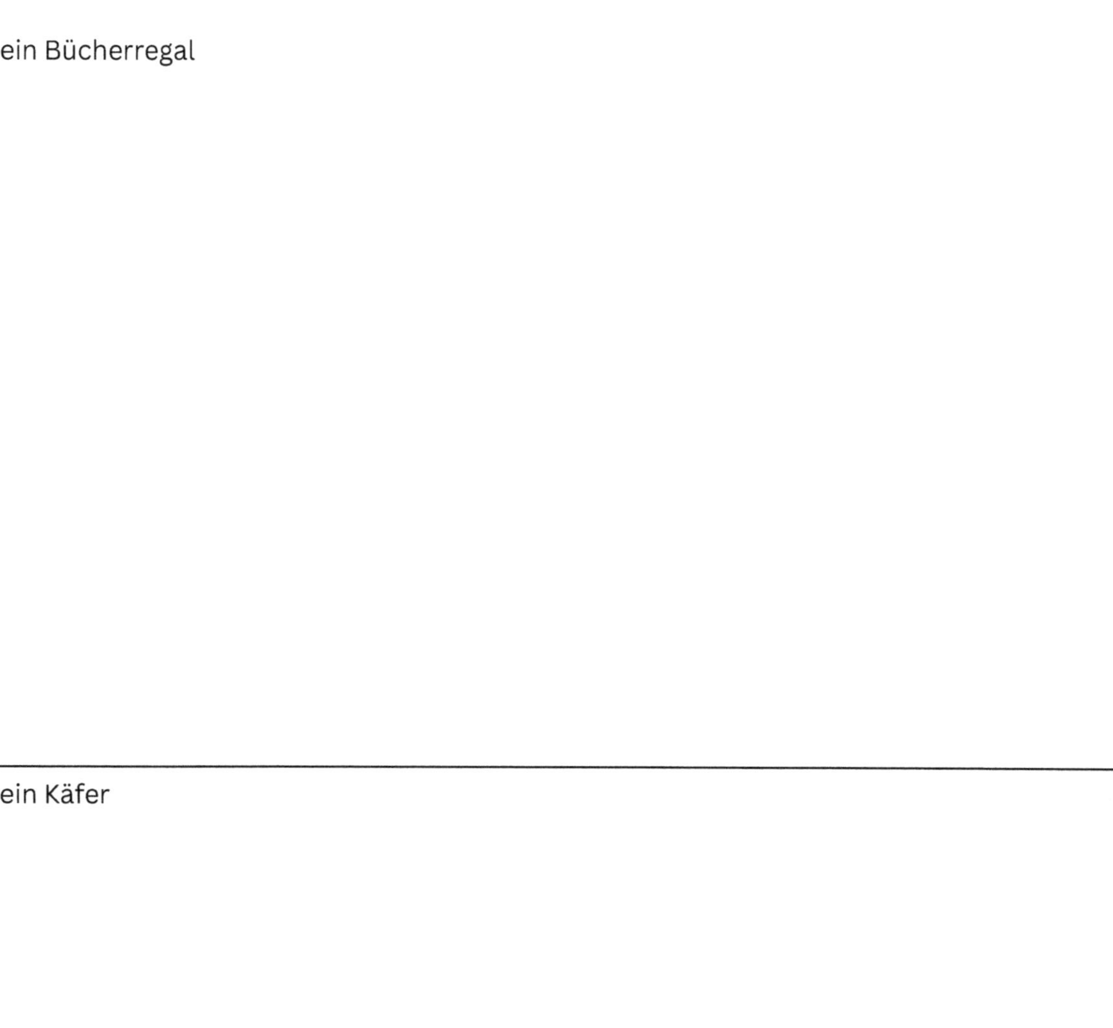

ein Käfer

ein Chamäleon

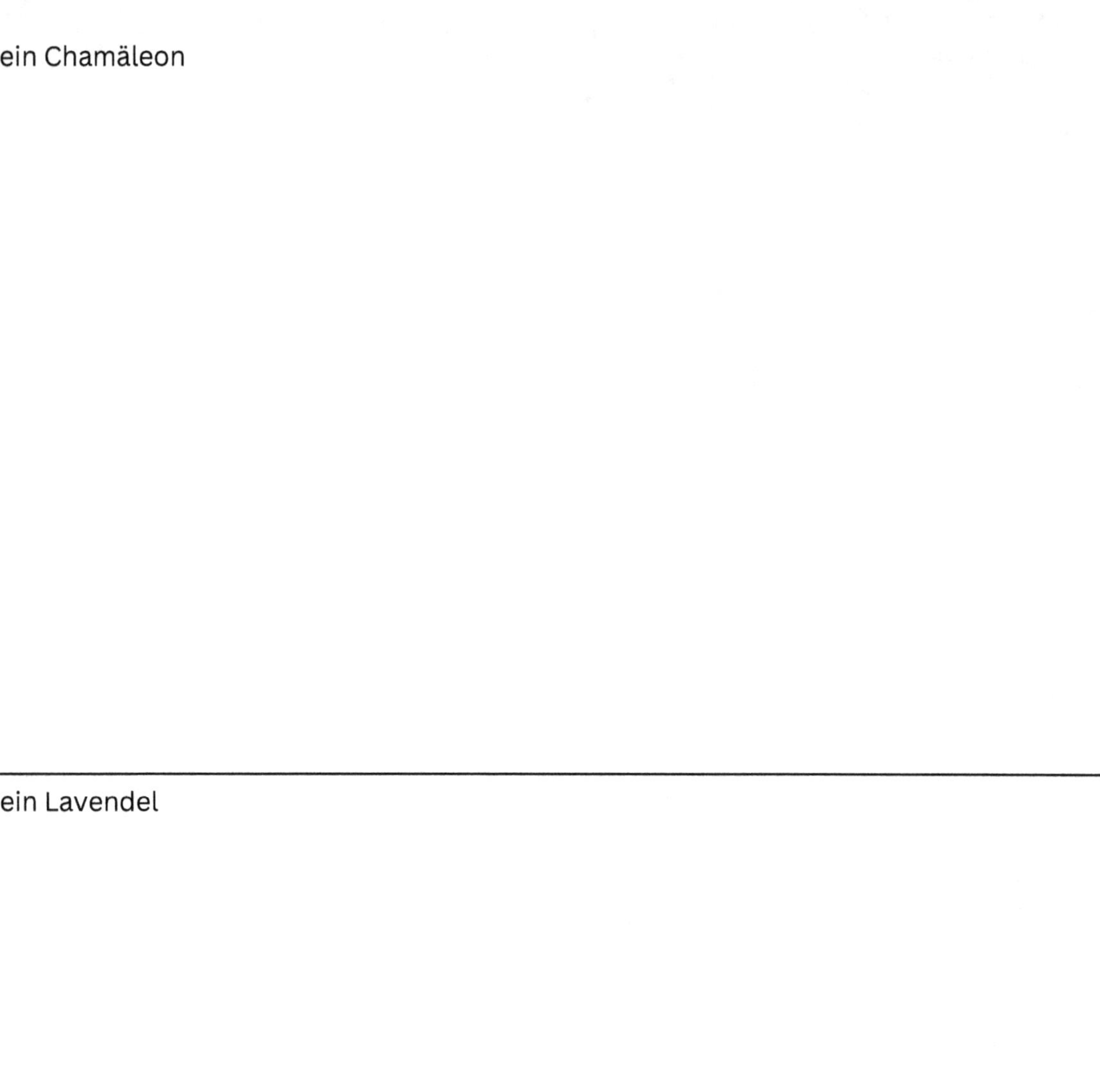

ein Lavendel

eine Dampflok

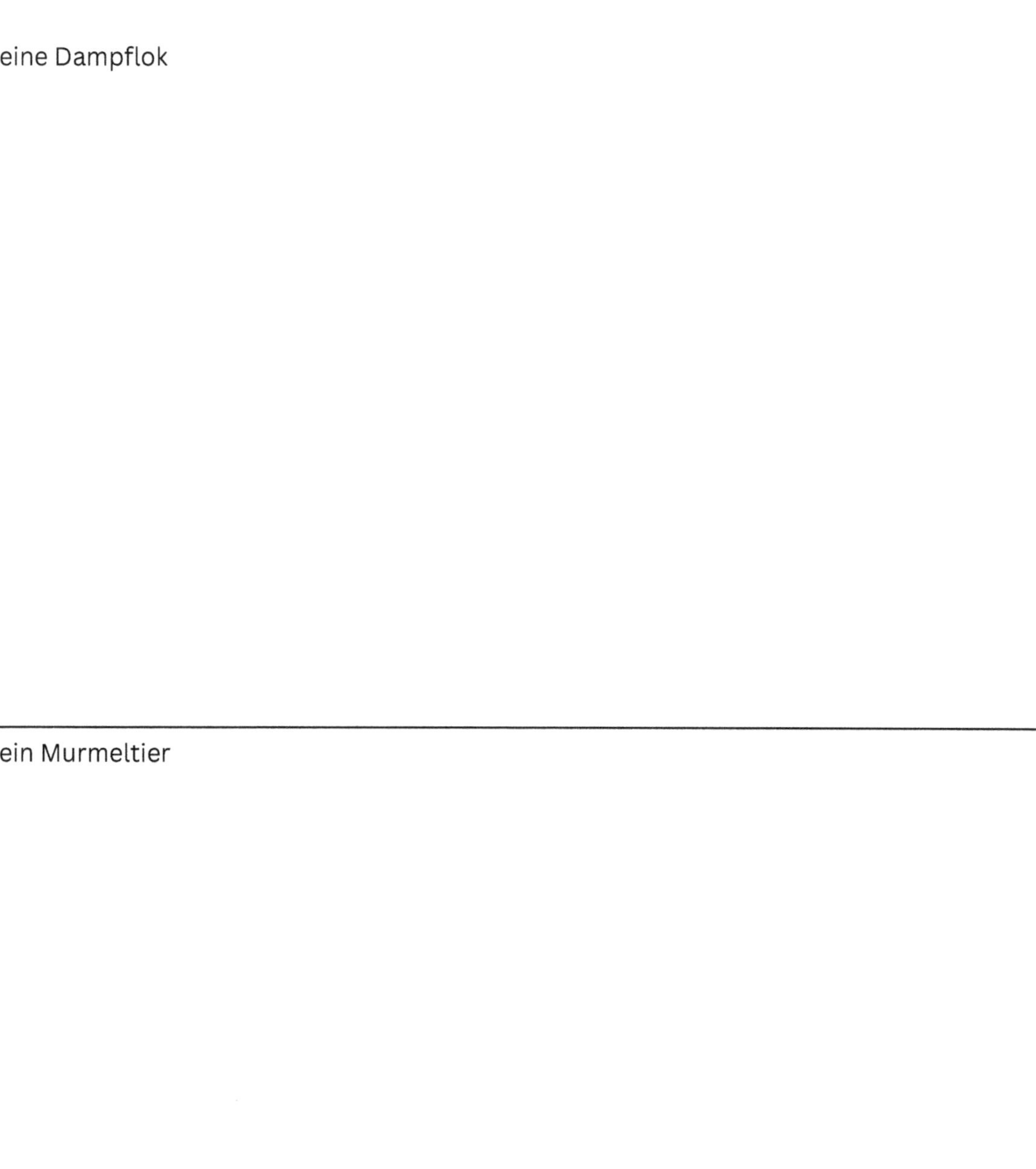

ein Murmeltier

ein Eisbär

---

ein Nachttisch

ein Fächer

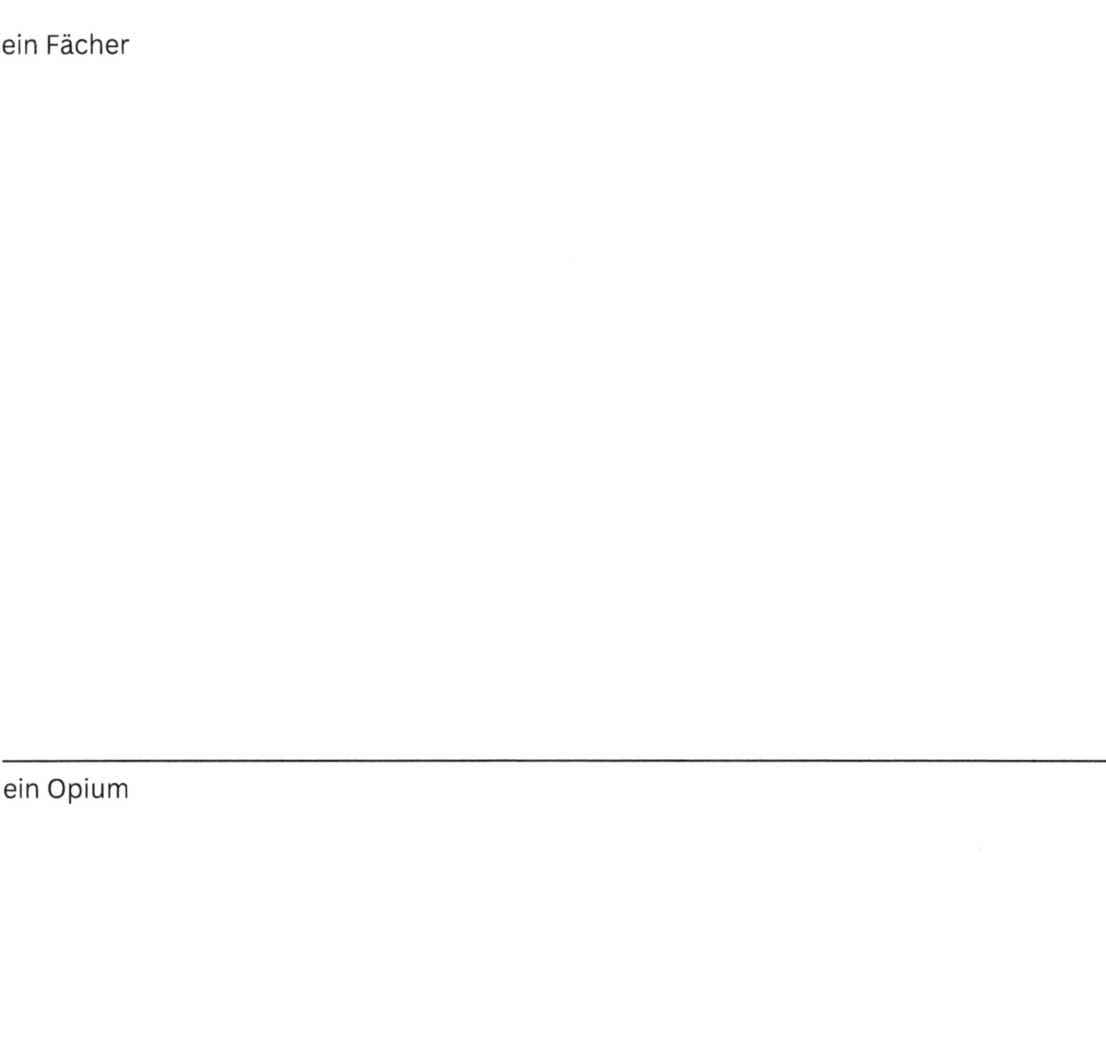

ein Opium

eine Geige

---

ein Pfau

ein Hufeisen

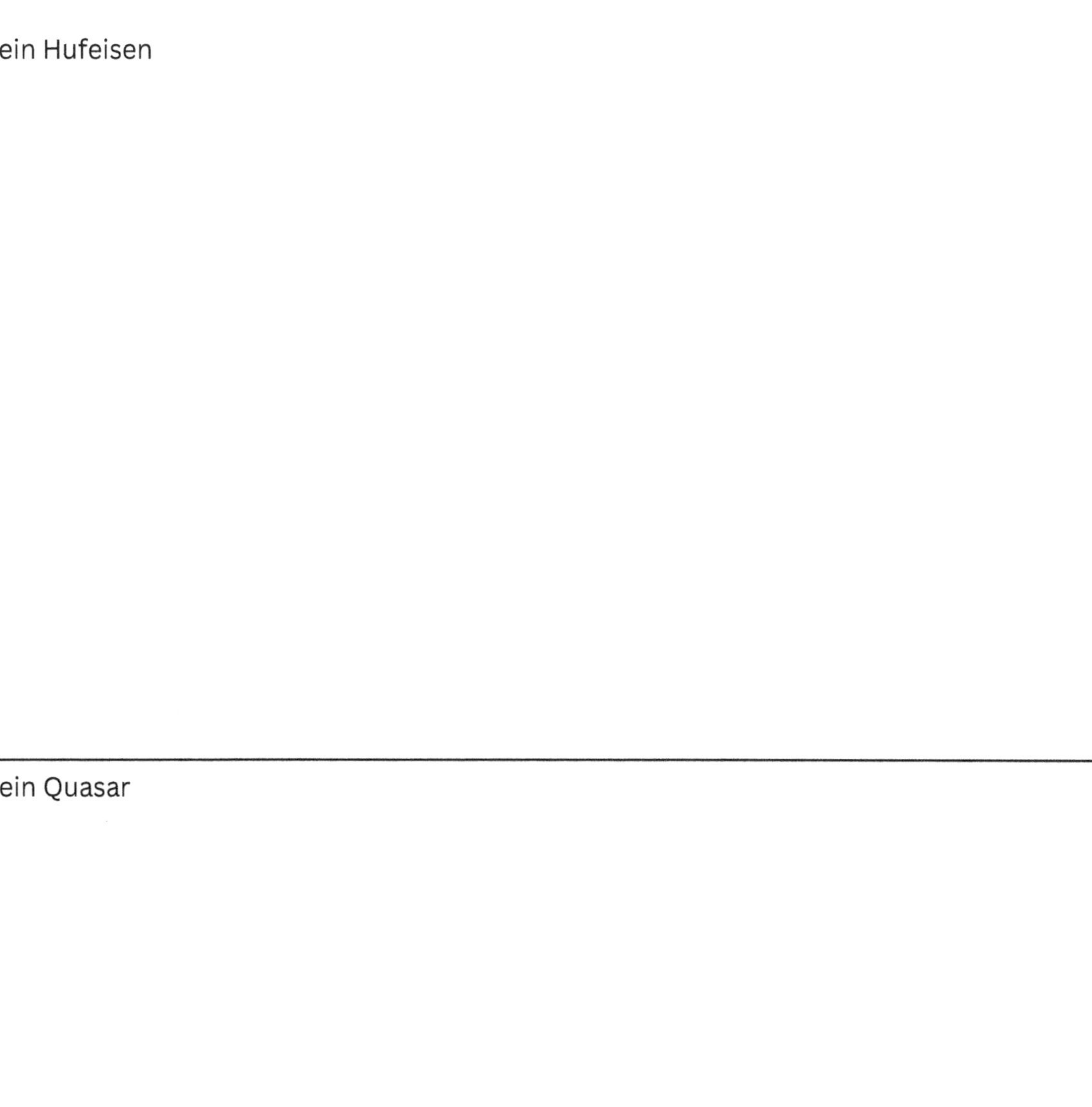

ein Quasar

ein Insekt

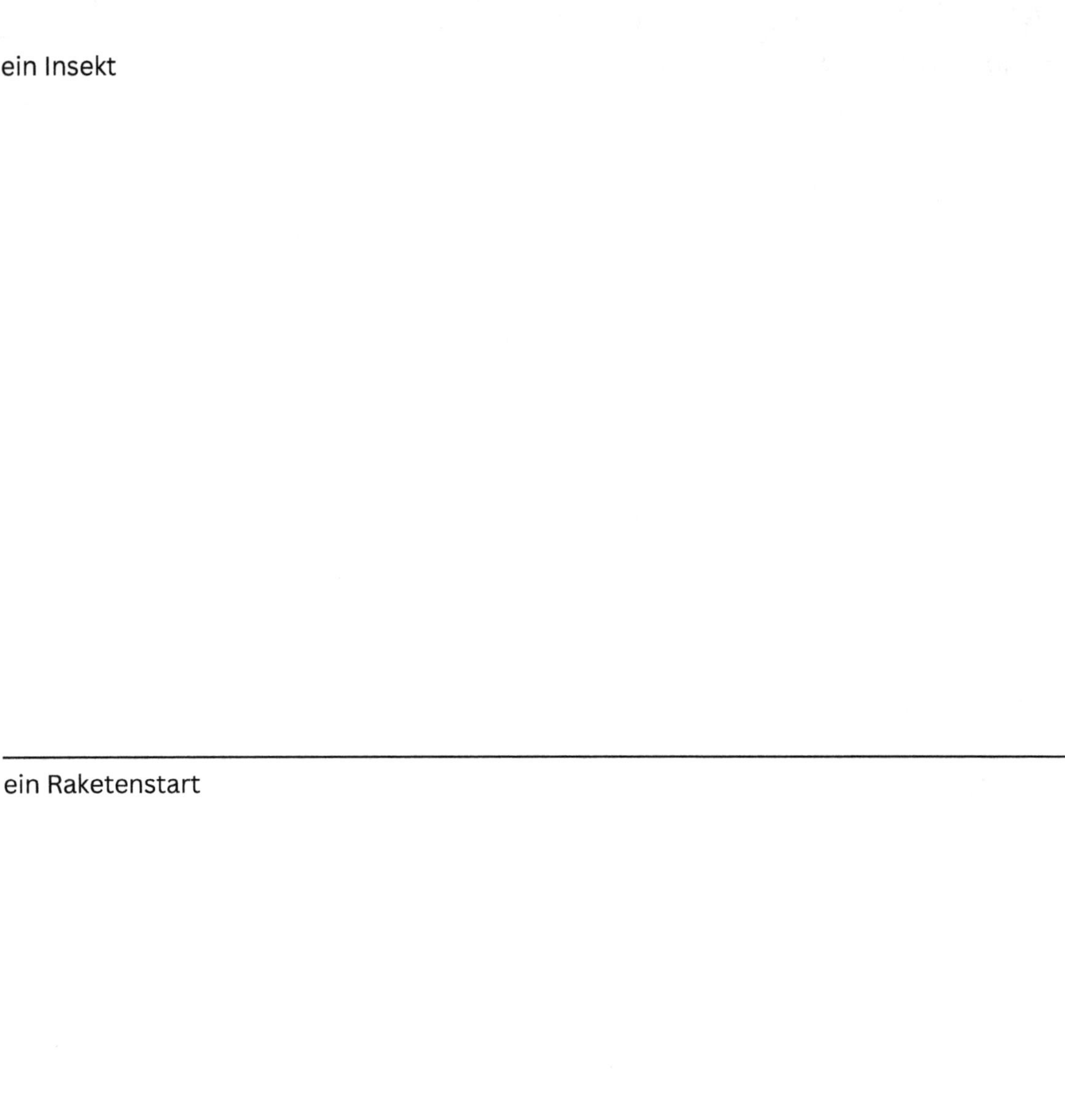

ein Raketenstart

ein Juwel

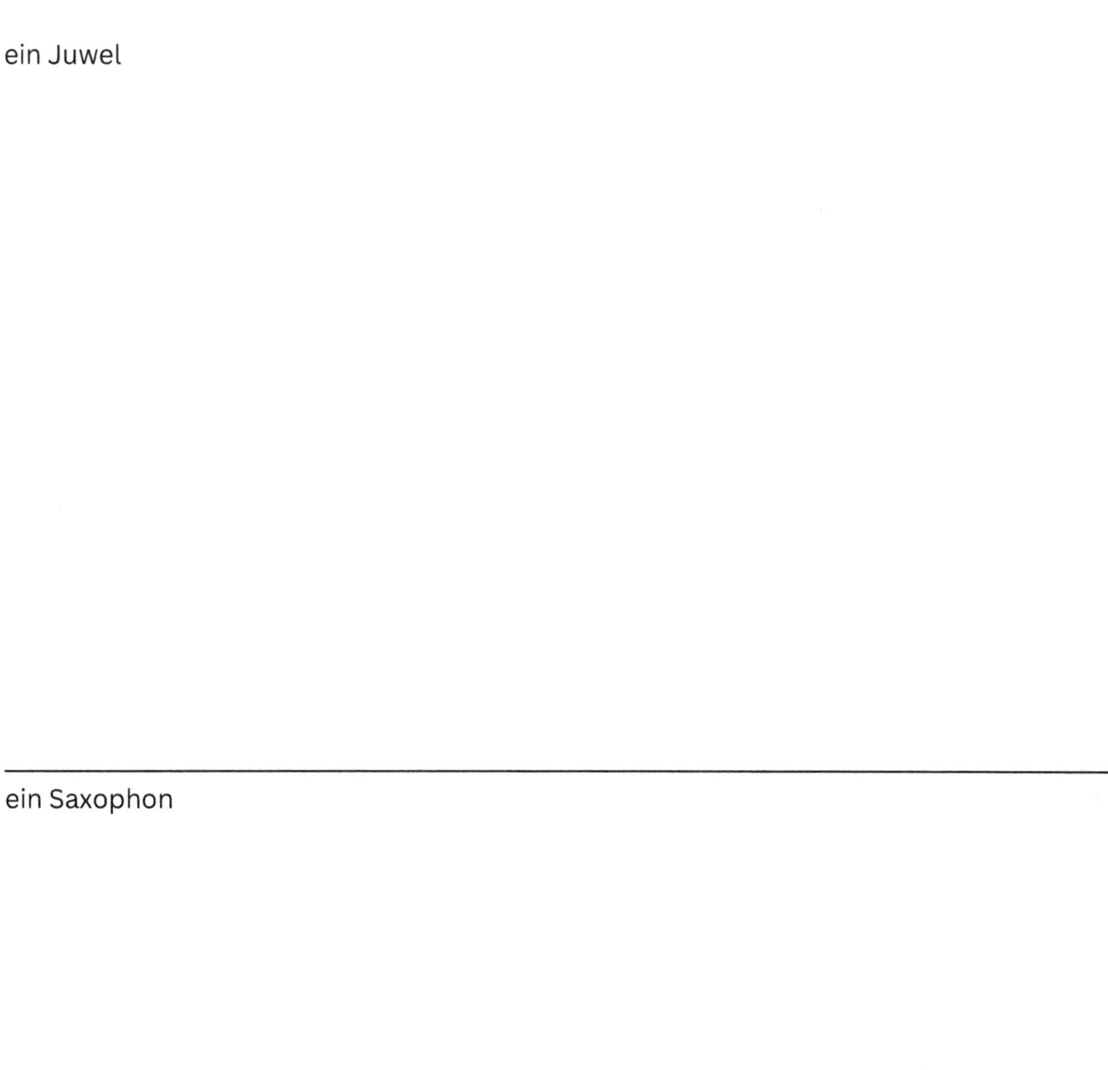

ein Saxophon

ein Kürbis

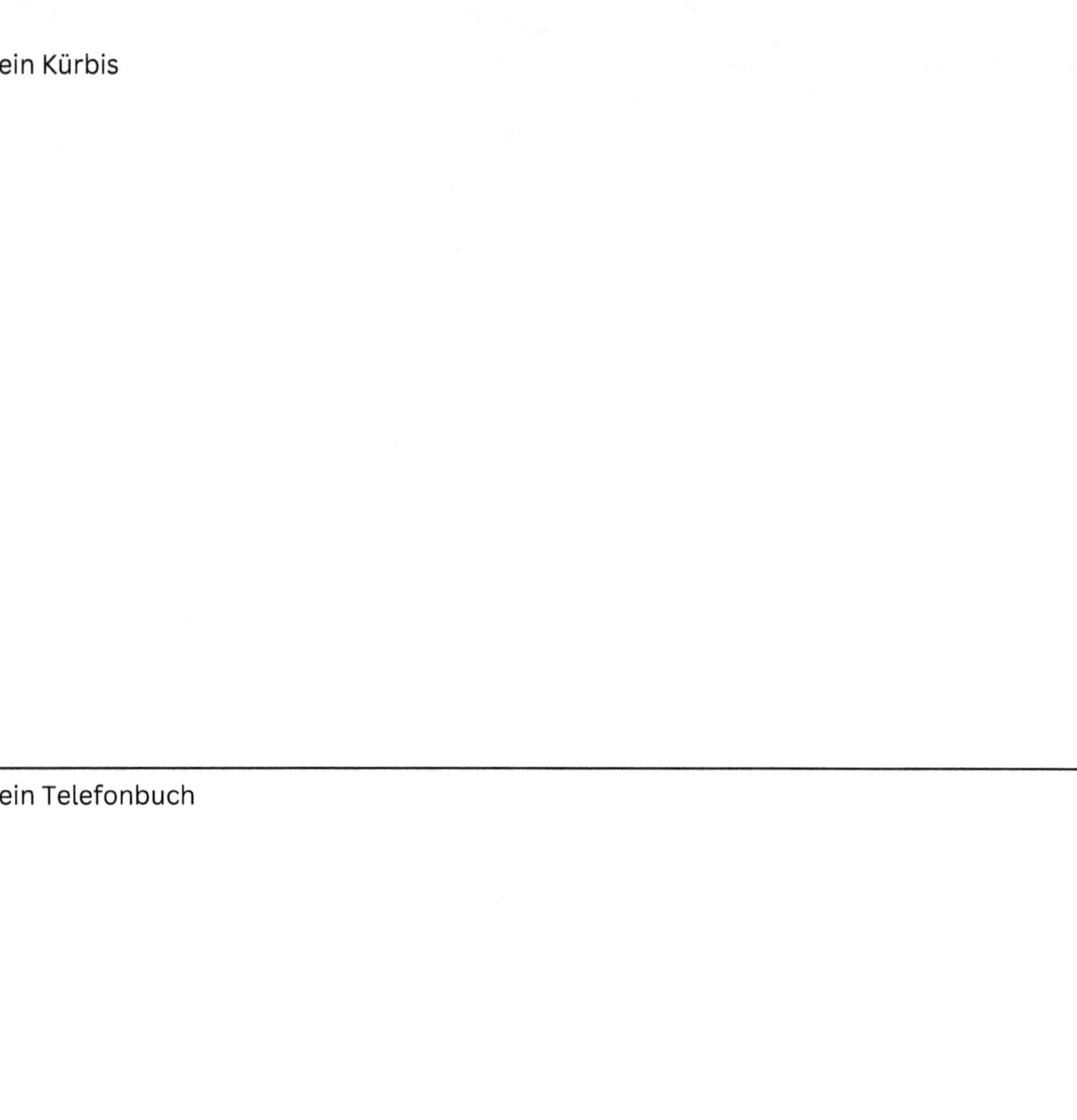

ein Telefonbuch

ein Luchs

ein Uhu

ein Medaillon

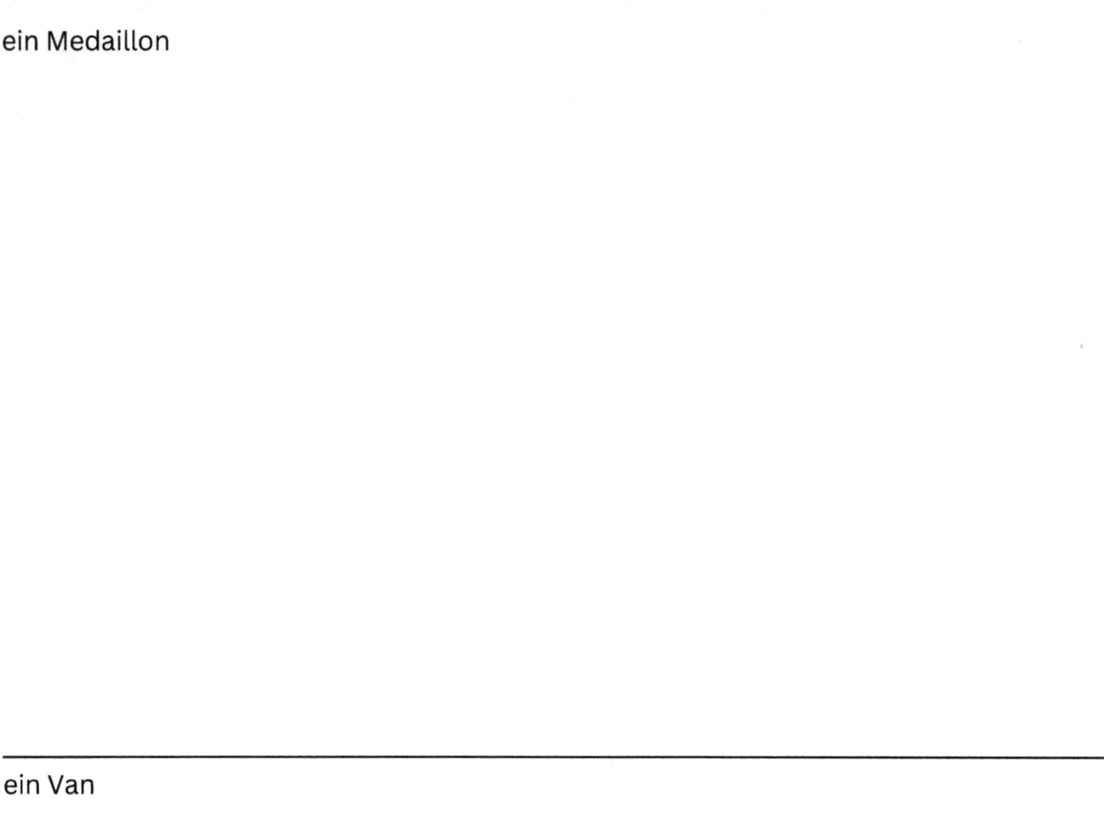

ein Van

ein Notizbuch

ein Wecker

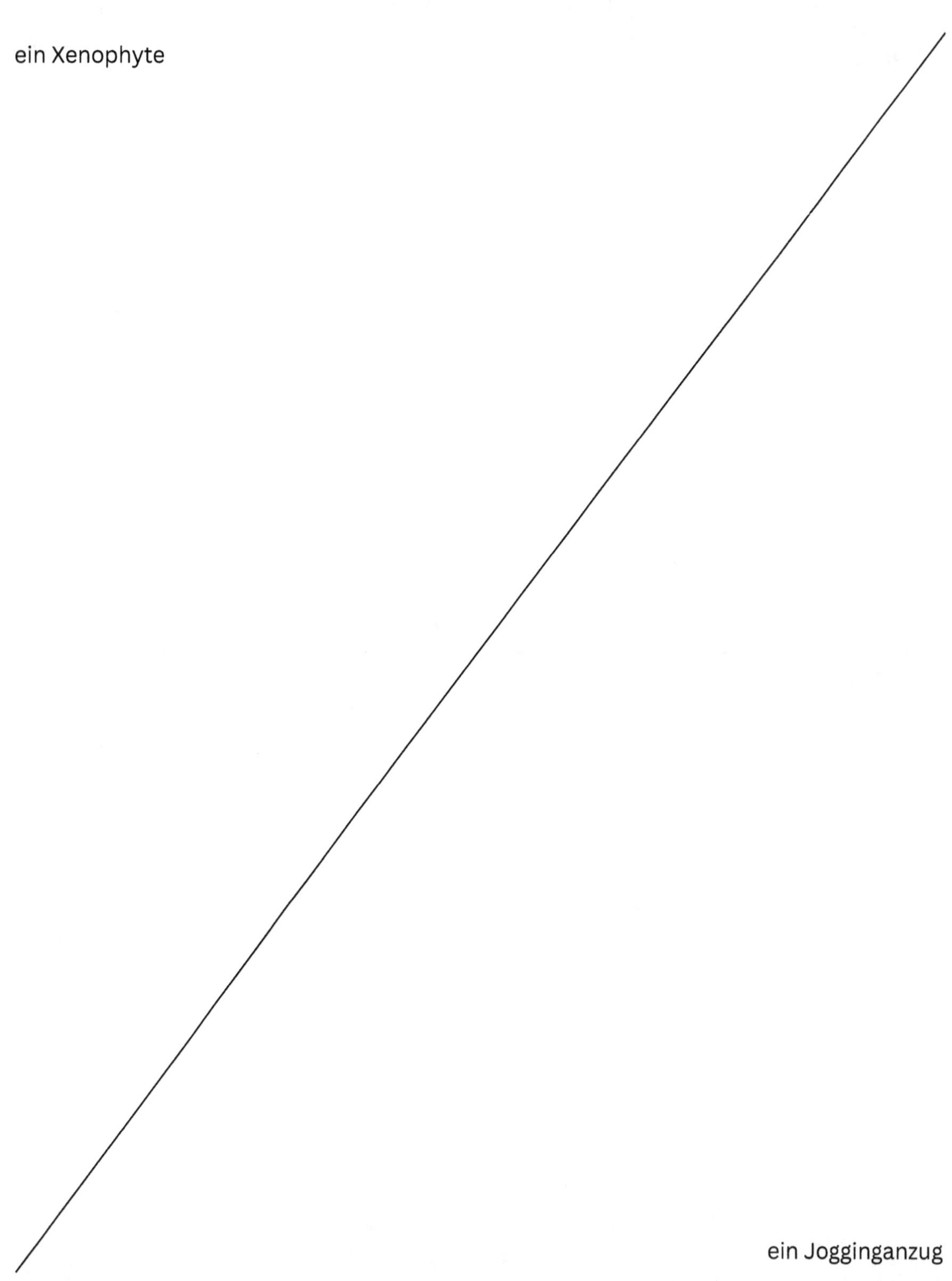
ein Xenophyte
ein Jogginganzug

ein Yeti-Fußabdruck

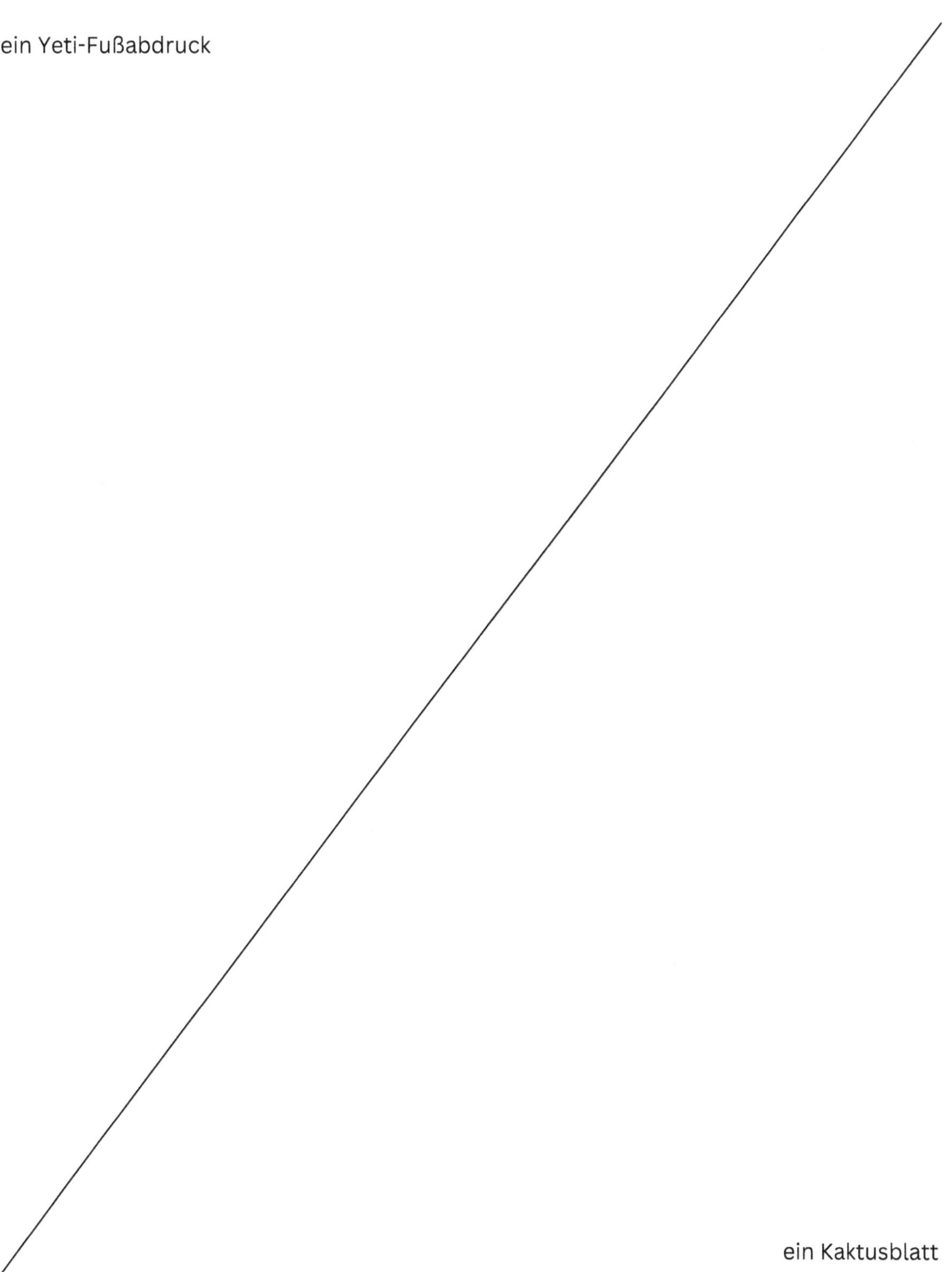

ein Kaktusblatt

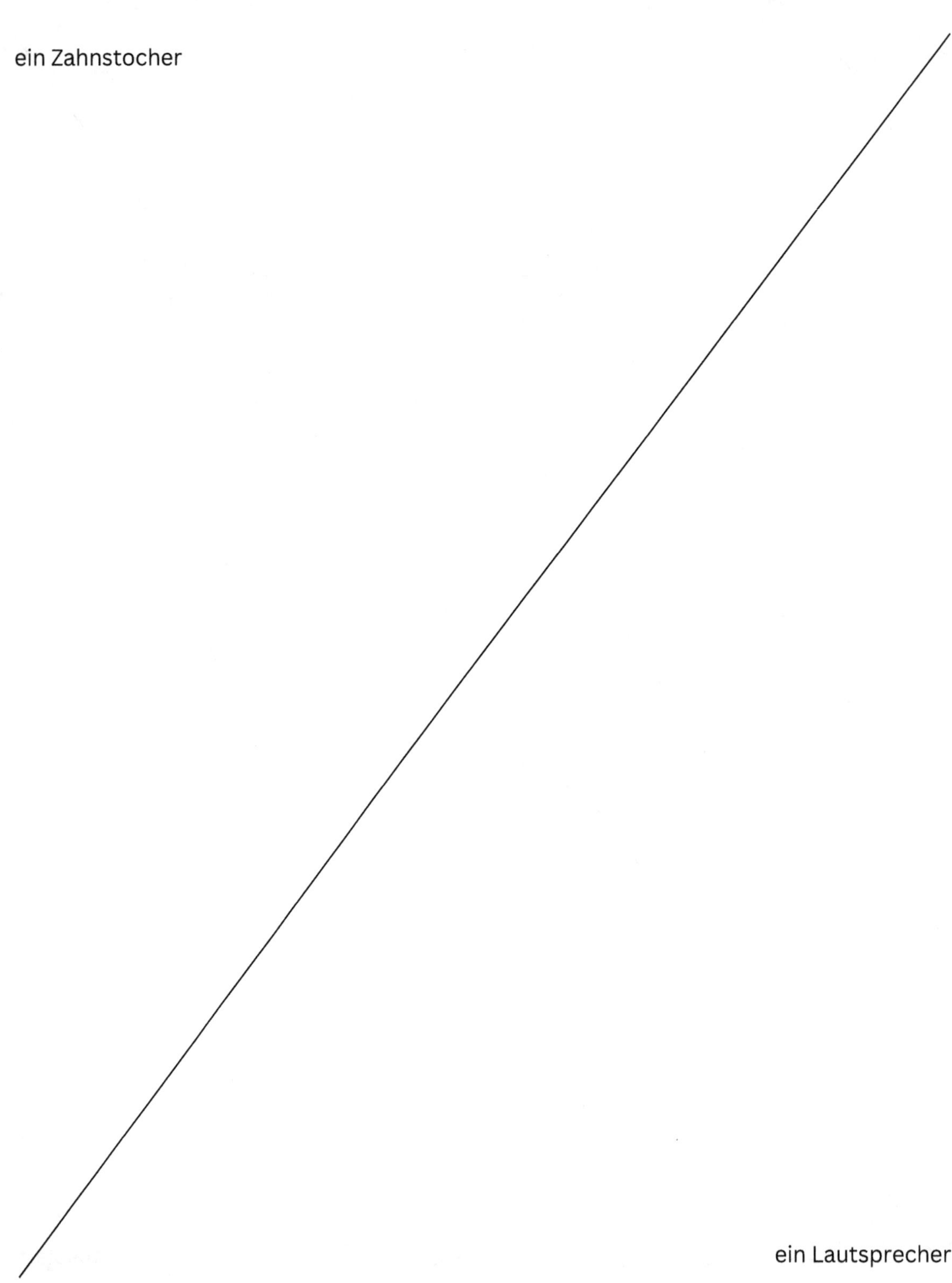
ein Zahnstocher
ein Lautsprecher

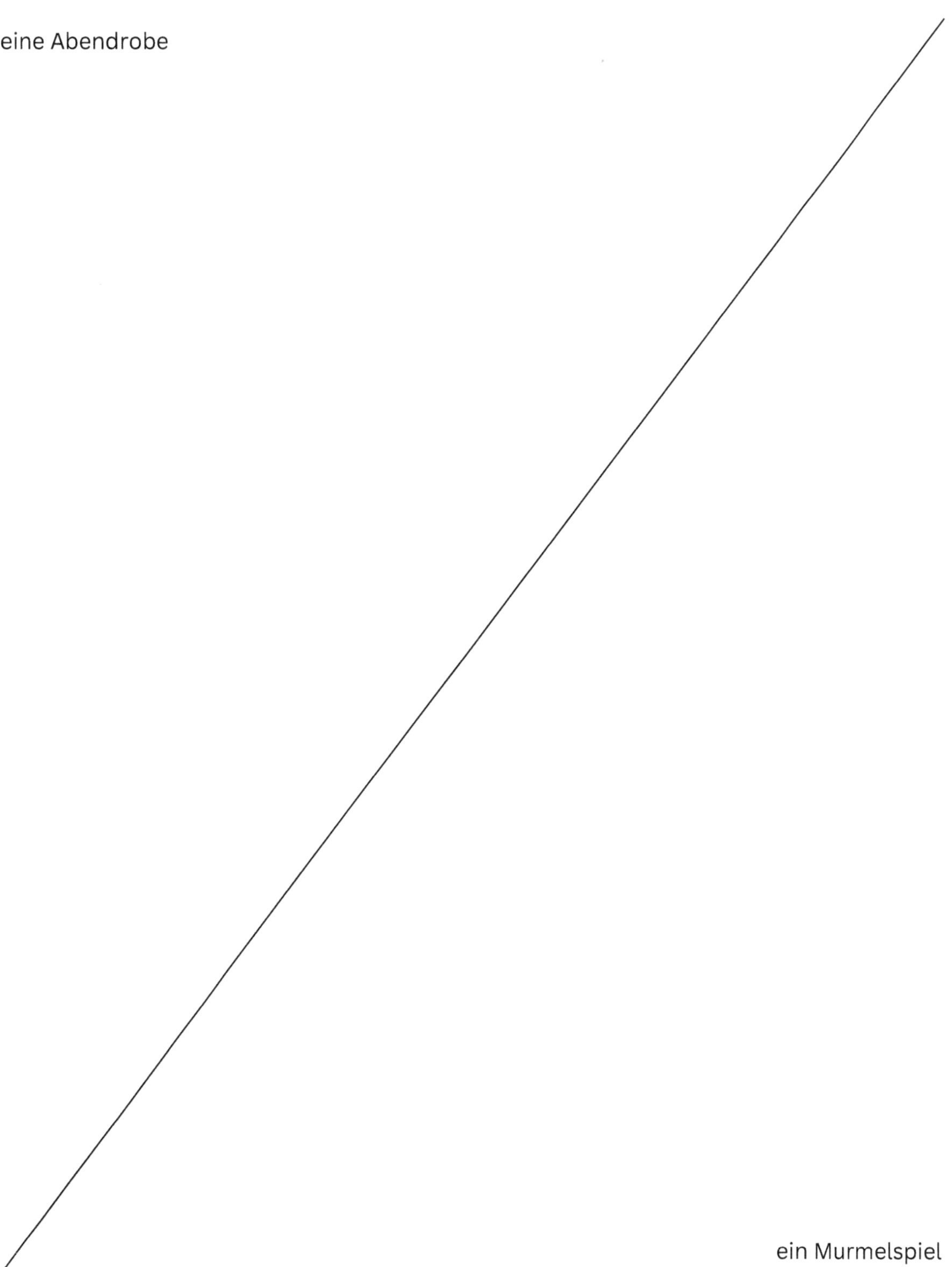

eine Abendrobe
ein Murmelspiel

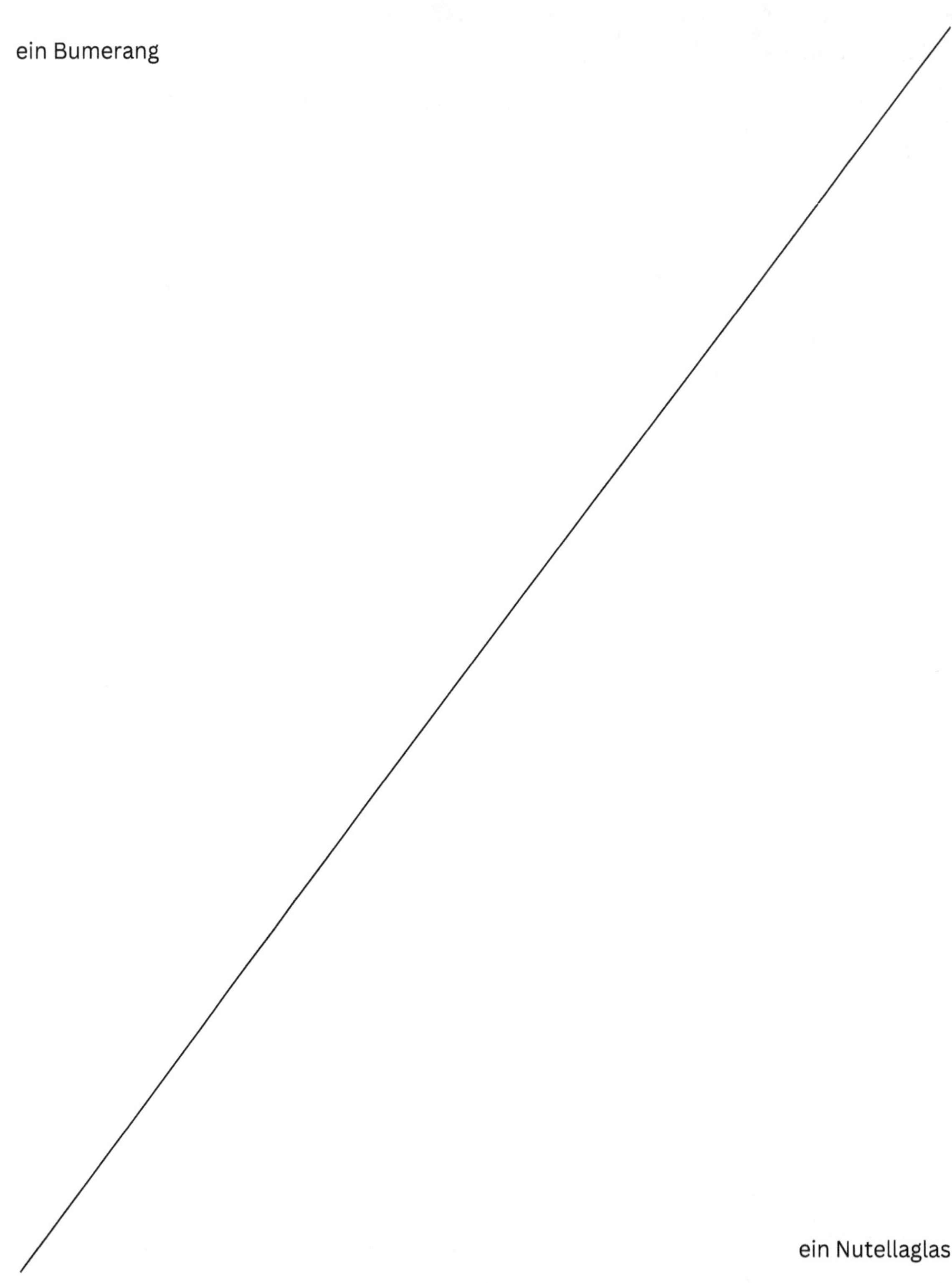
ein Bumerang
ein Nutellaglas

ein Cappuccino

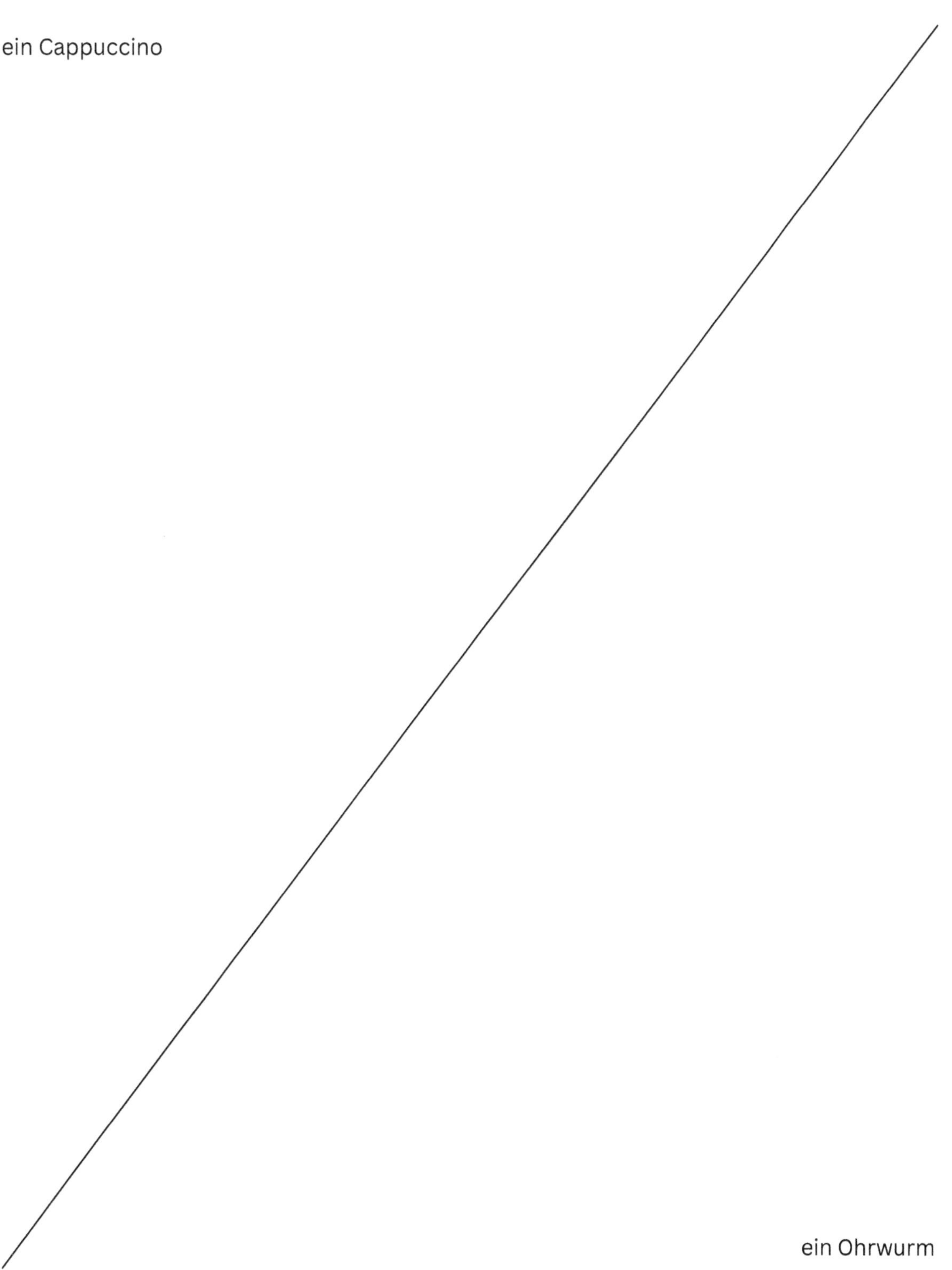

ein Ohrwurm

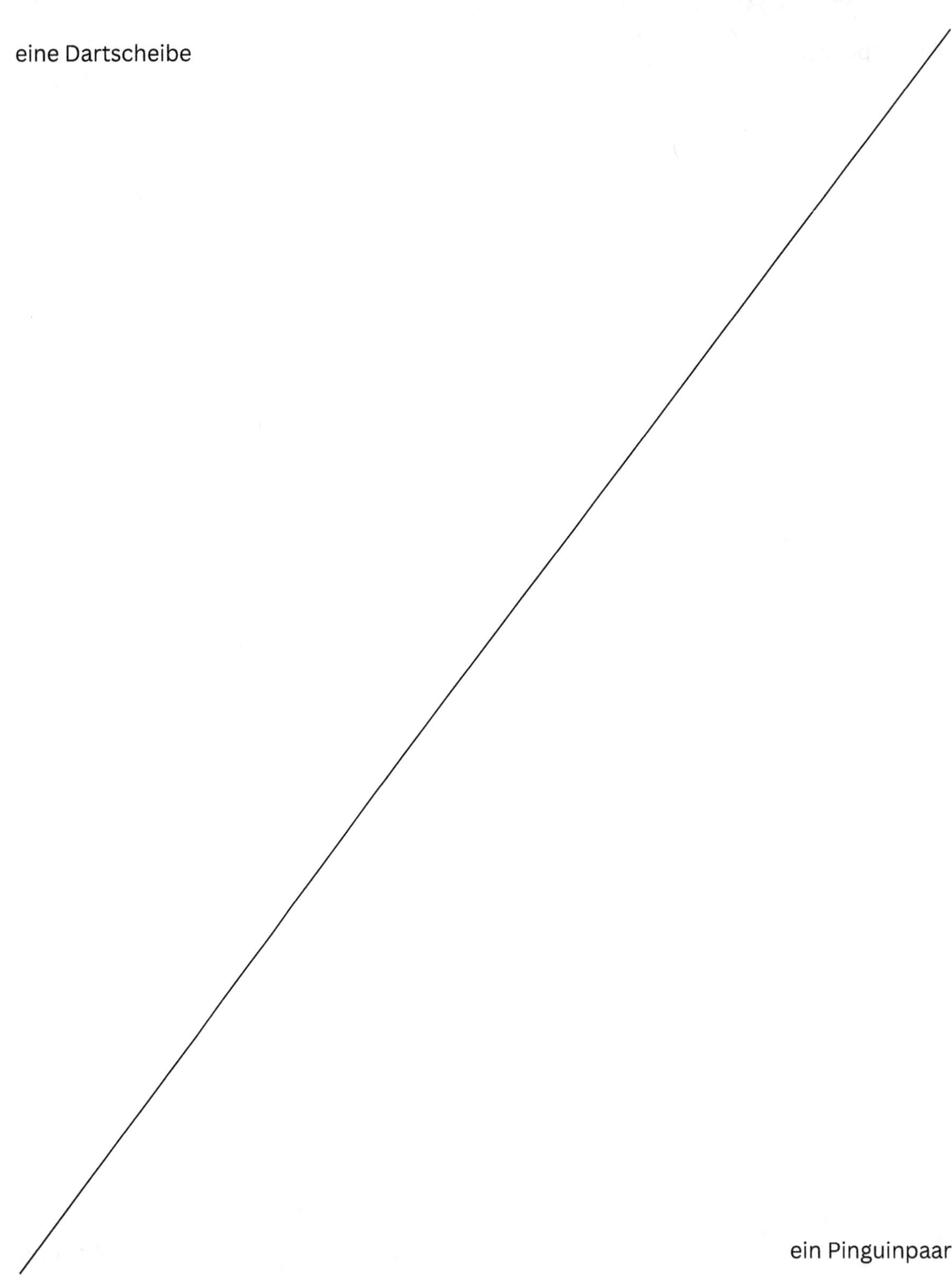
eine Dartscheibe
ein Pinguinpaar

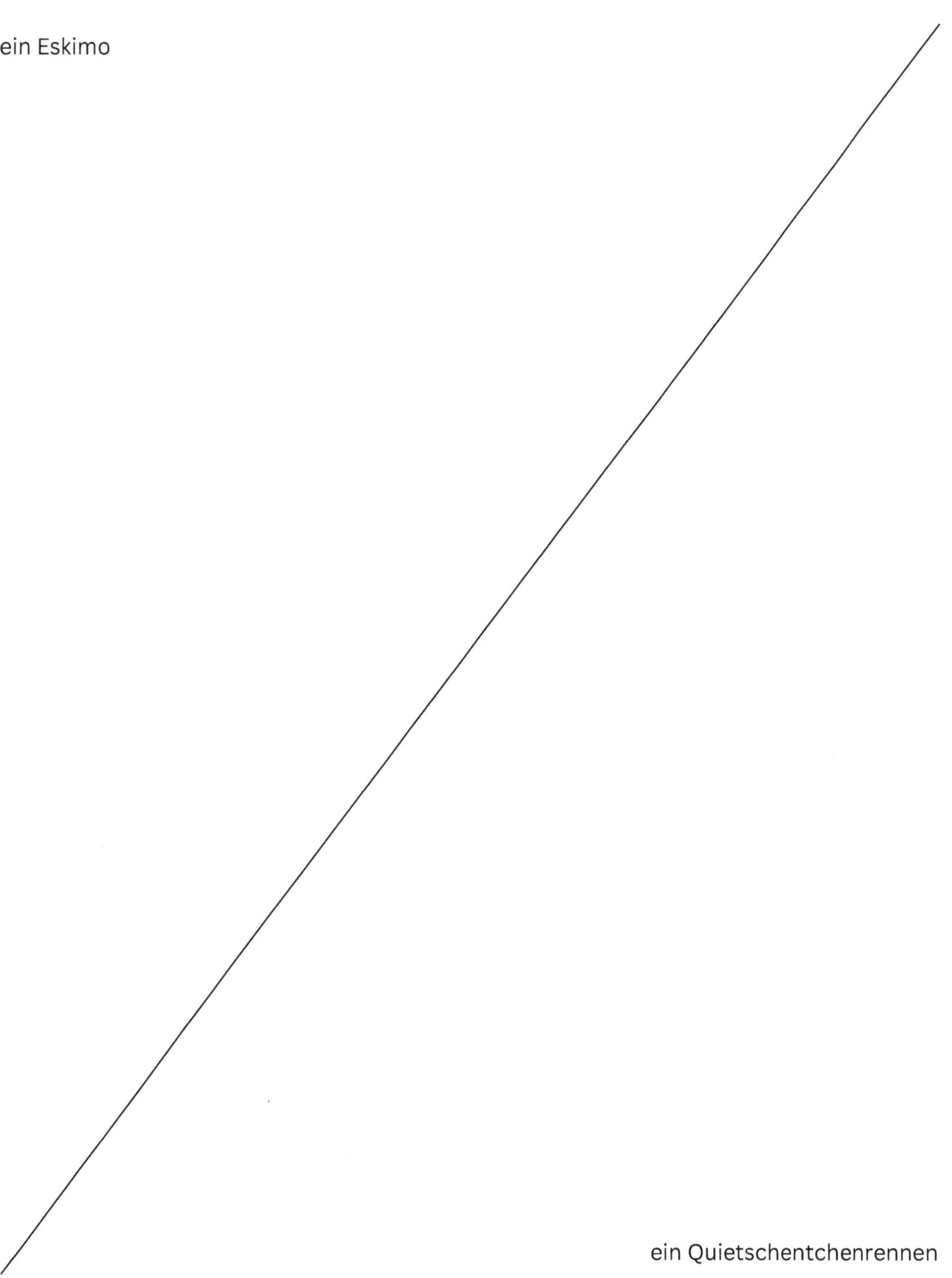
ein Eskimo
ein Quietschentchenrennen

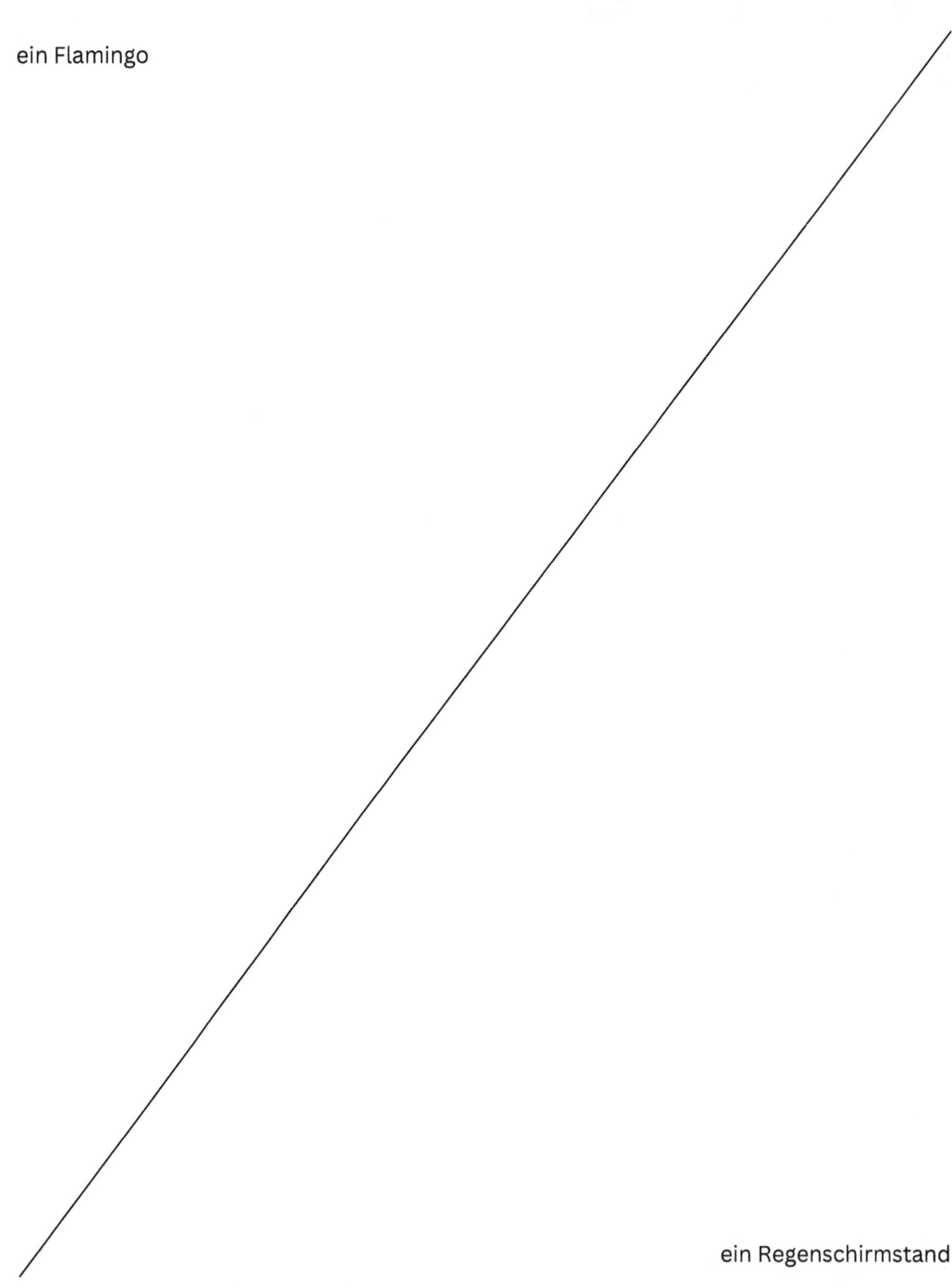
ein Flamingo
ein Regenschirmstand

ein Gänseblümchen

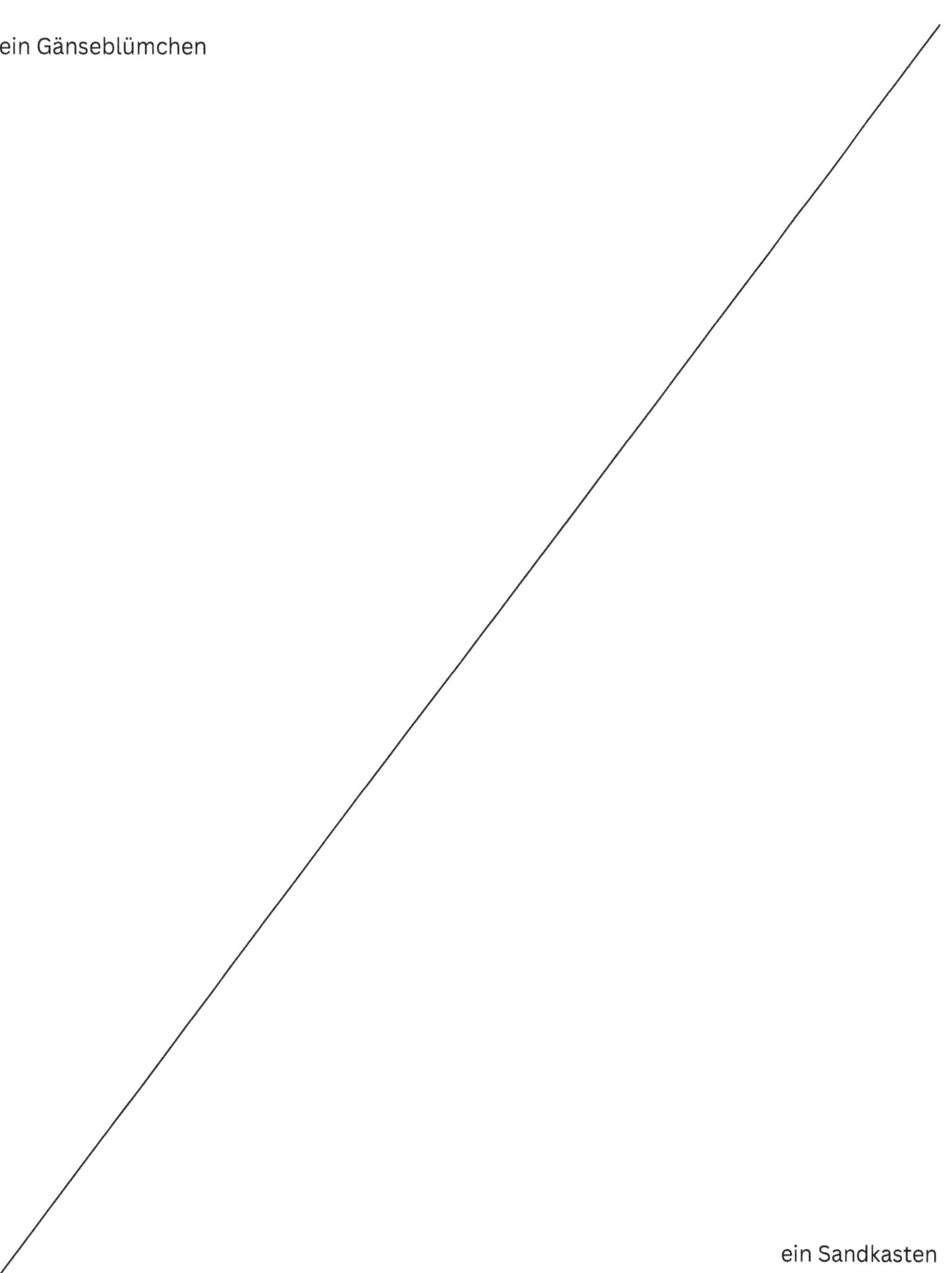

ein Sandkasten

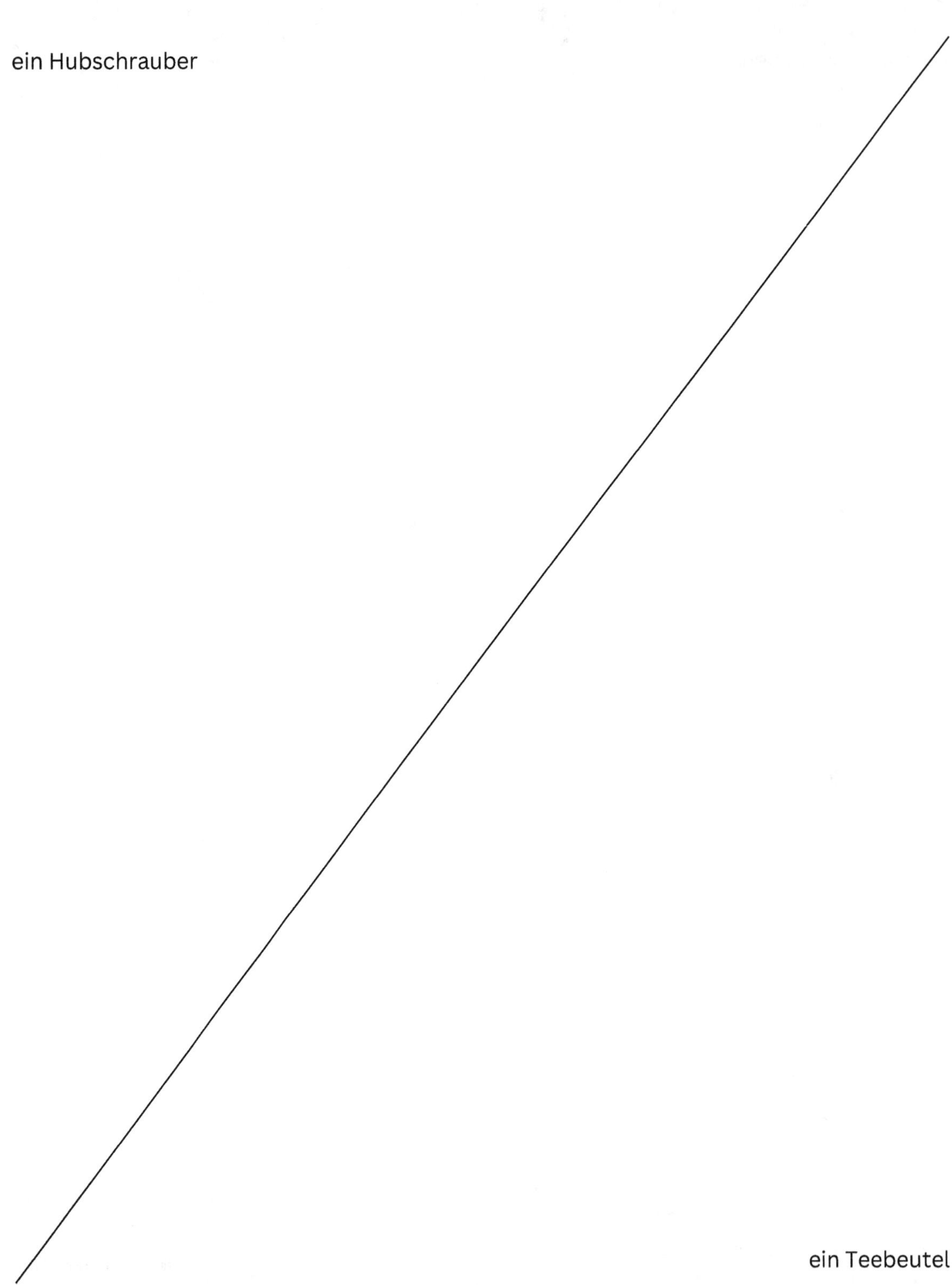
ein Hubschrauber
ein Teebeutel

ein Indianerzelt

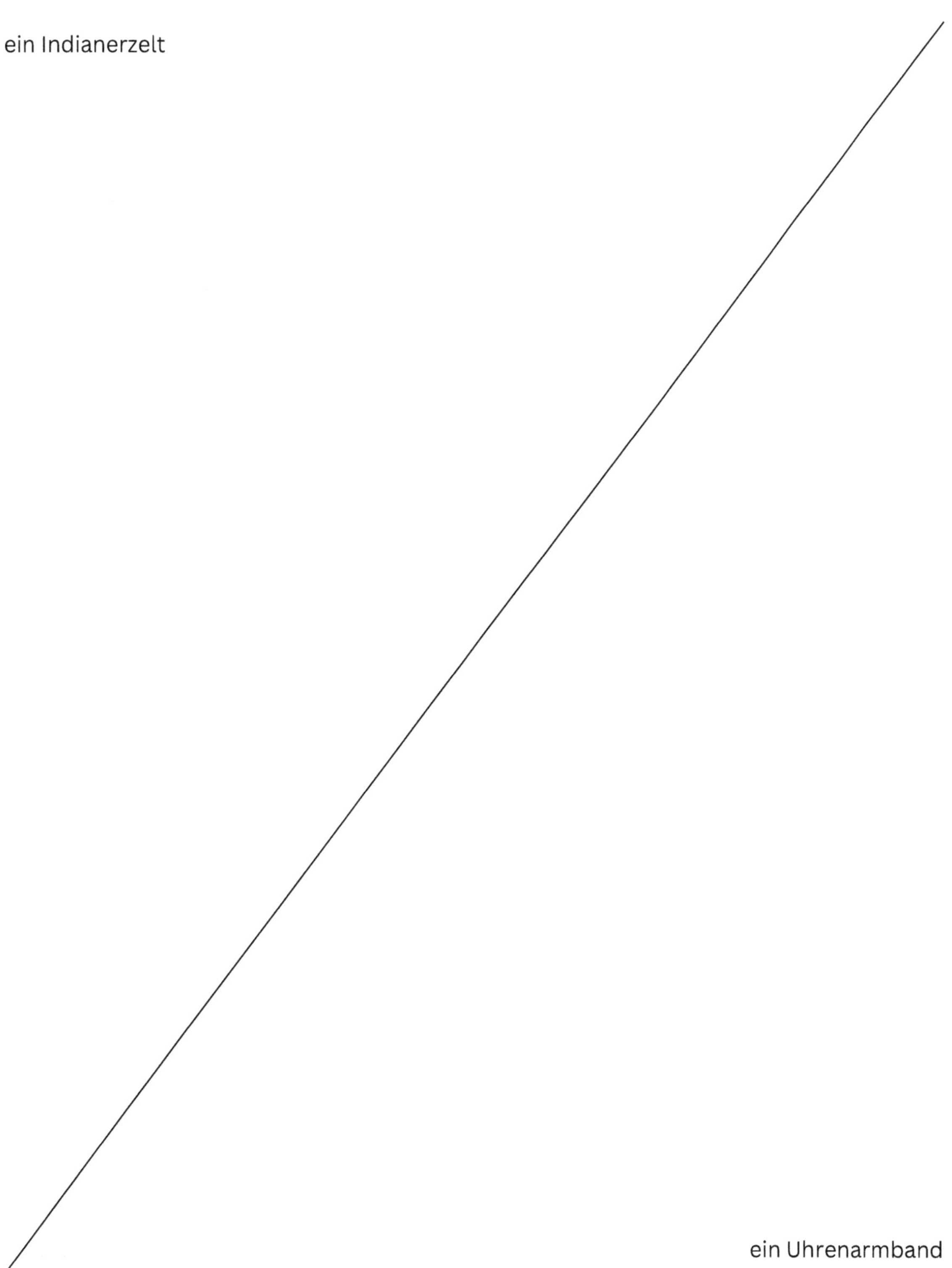

ein Uhrenarmband

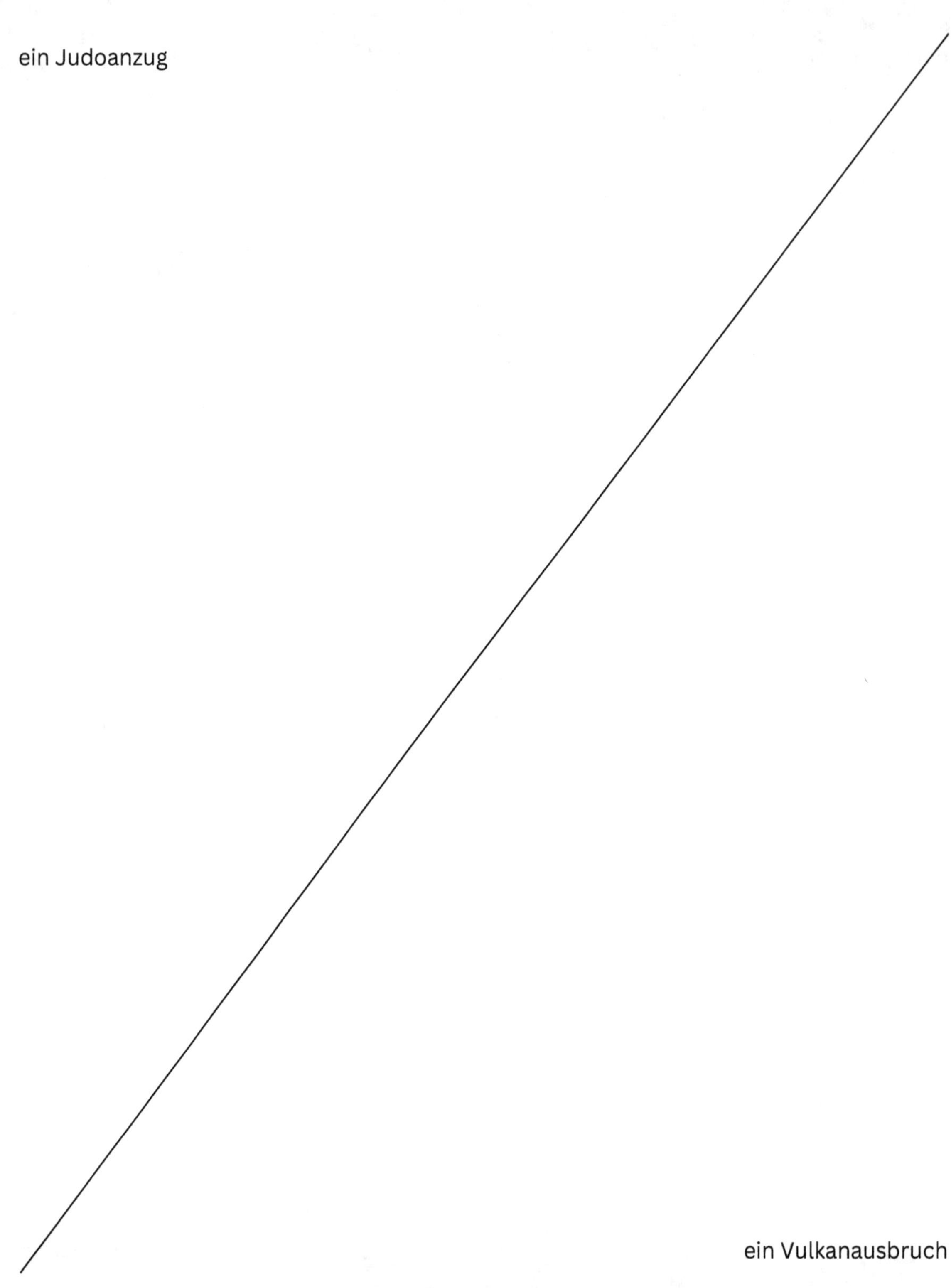
ein Judoanzug
ein Vulkanausbruch

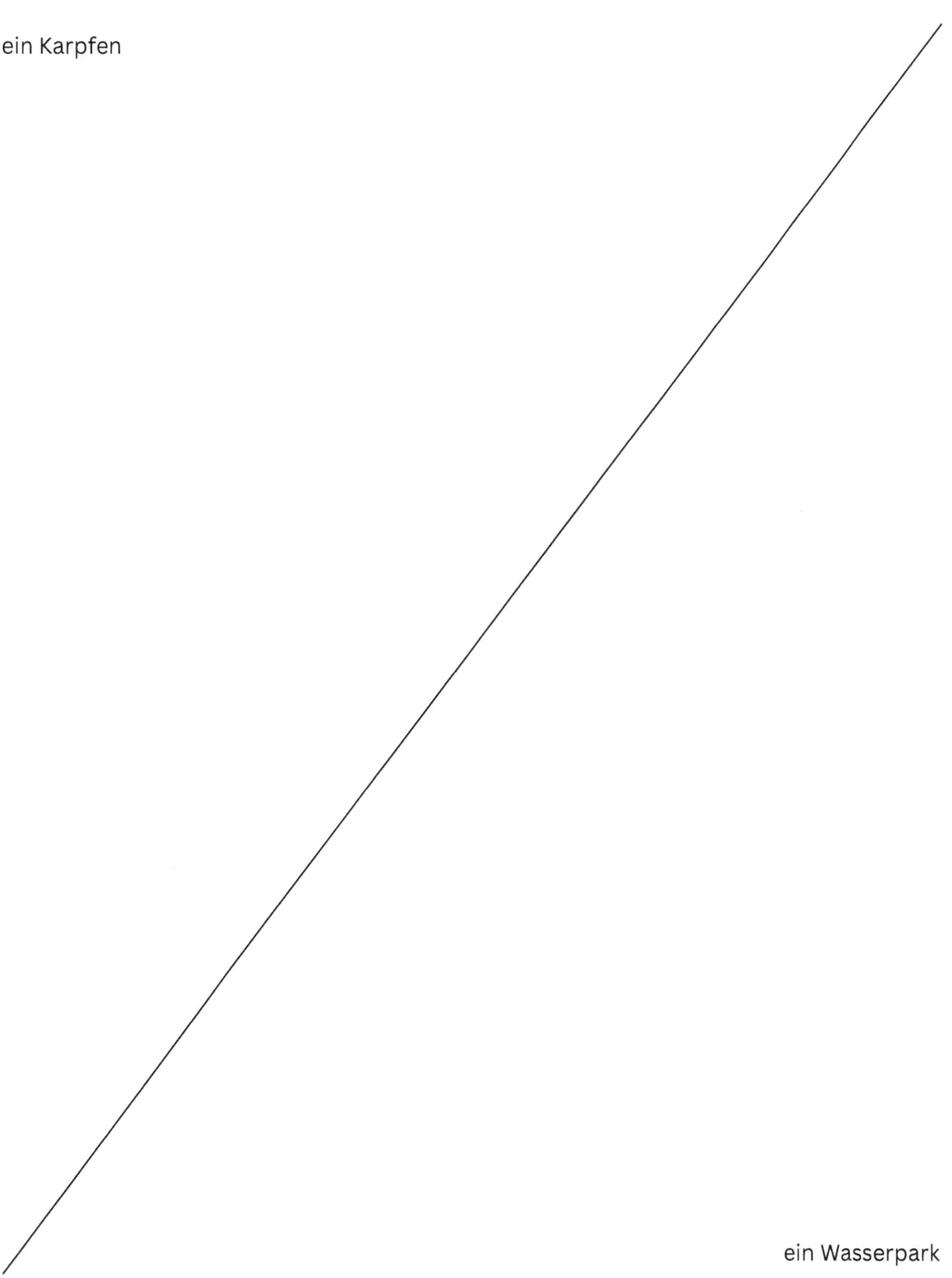
ein Karpfen
ein Wasserpark

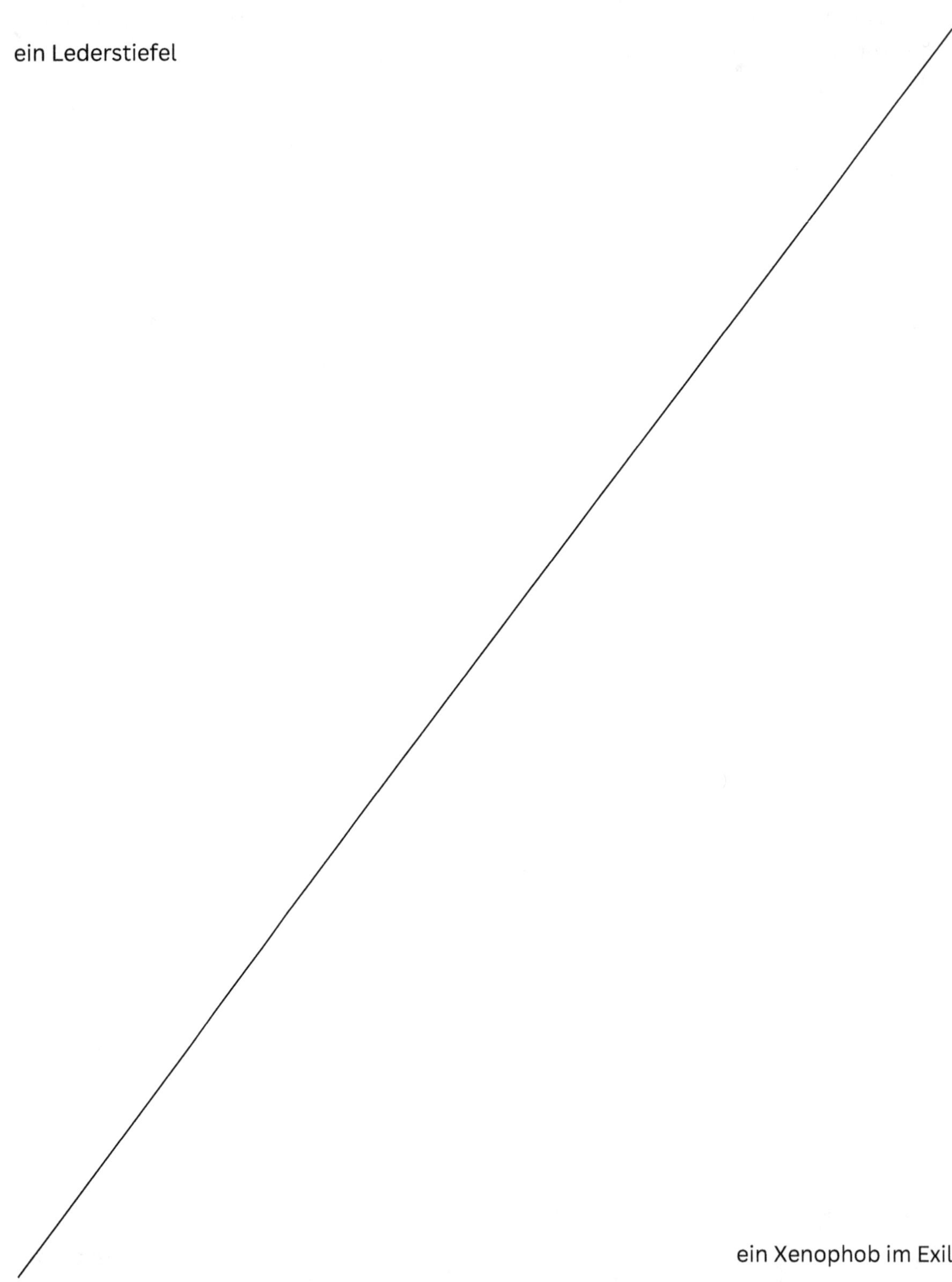
ein Lederstiefel
ein Xenophob im Exil

ein Marmorboden

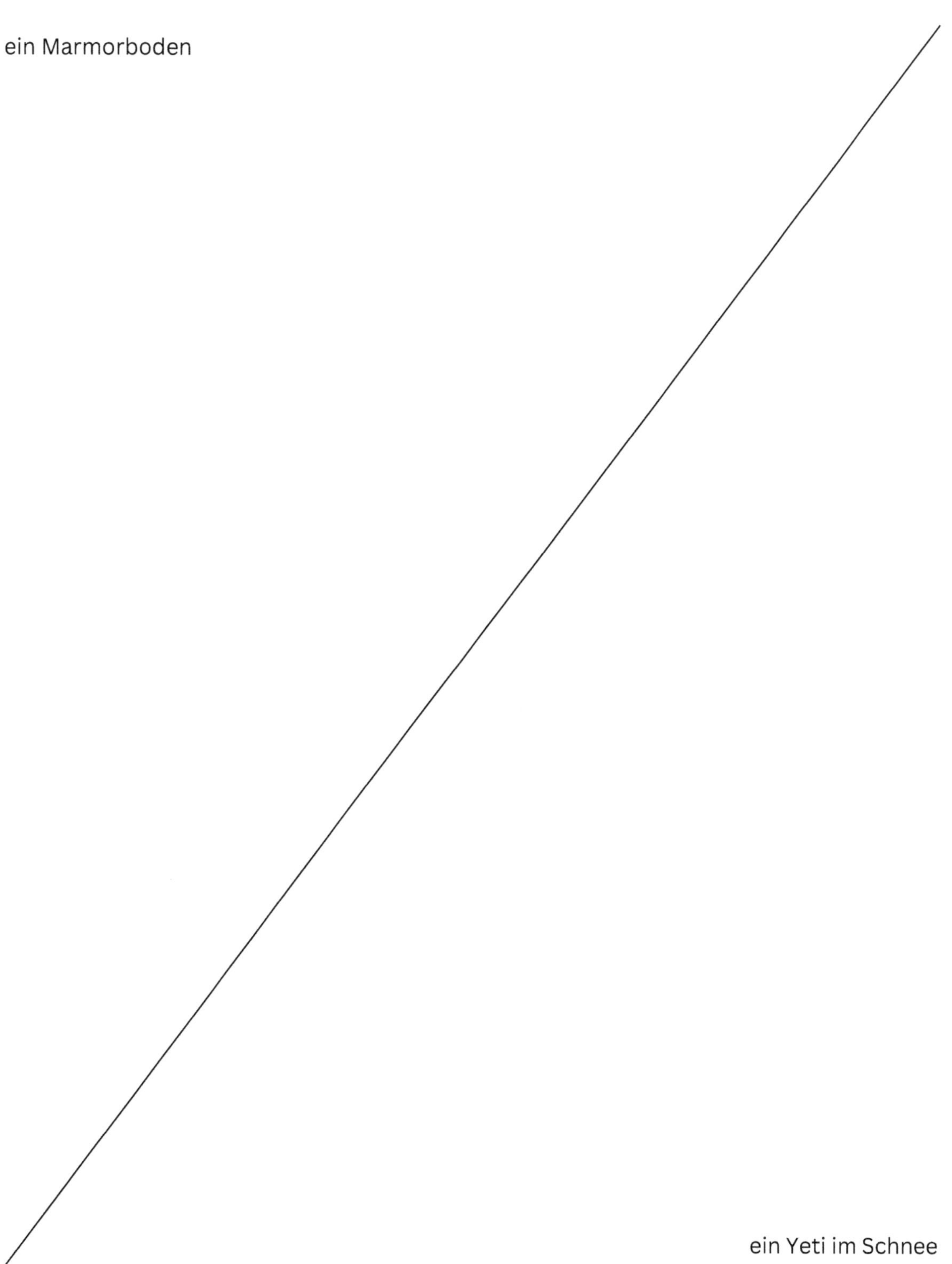

ein Yeti im Schnee

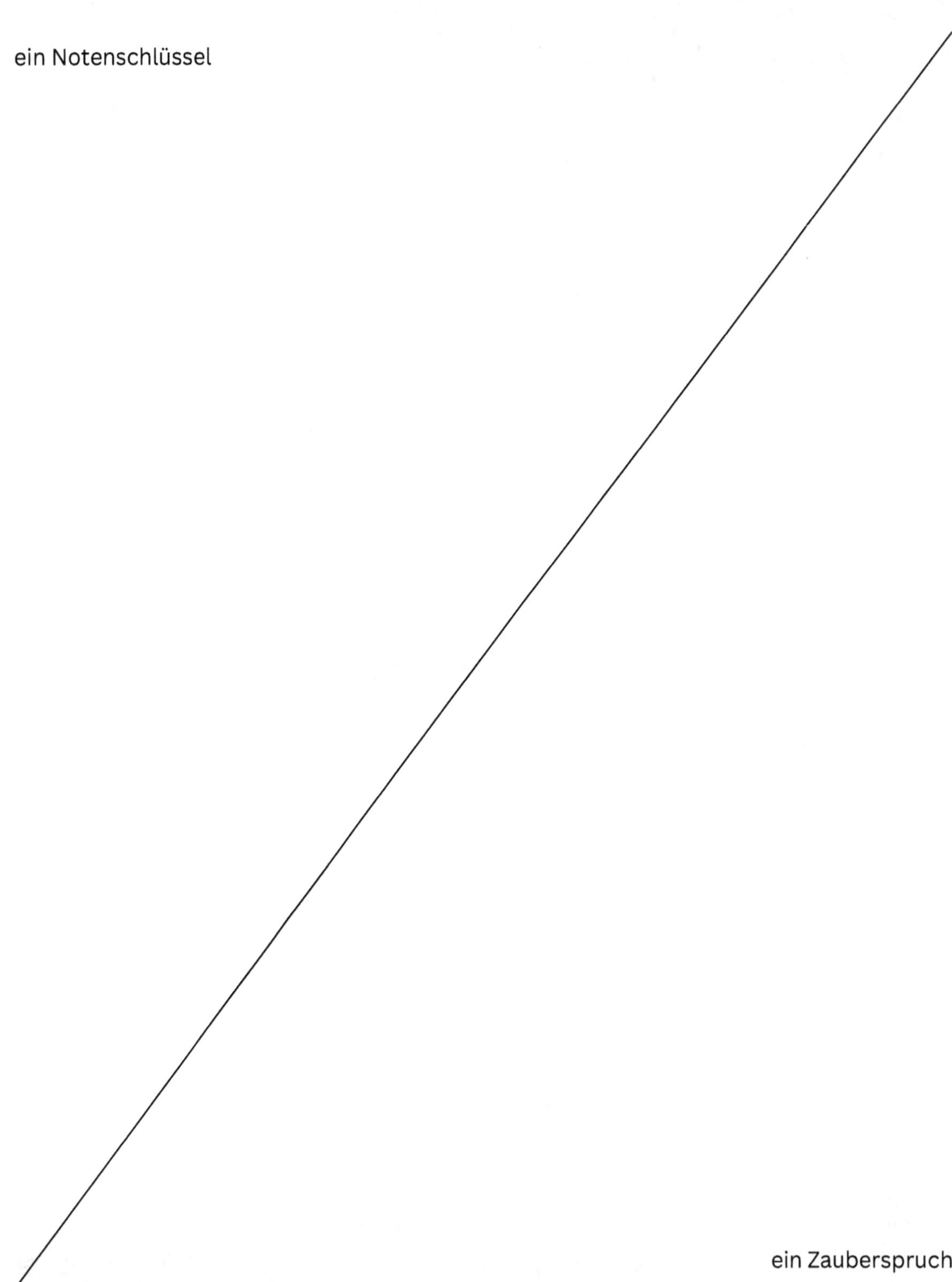

ein Notenschlüssel
ein Zauberspruch

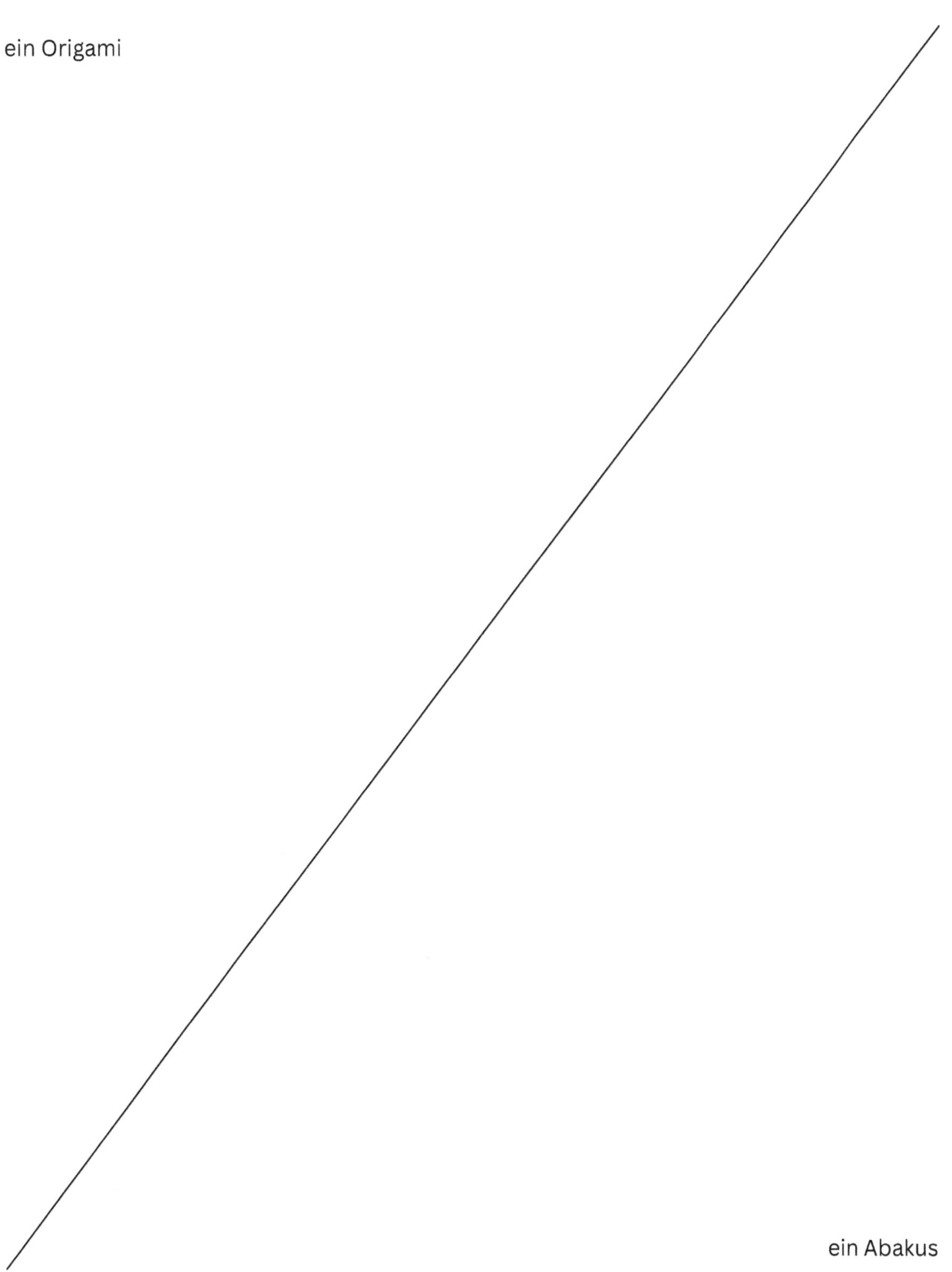
ein Origami
ein Abakus

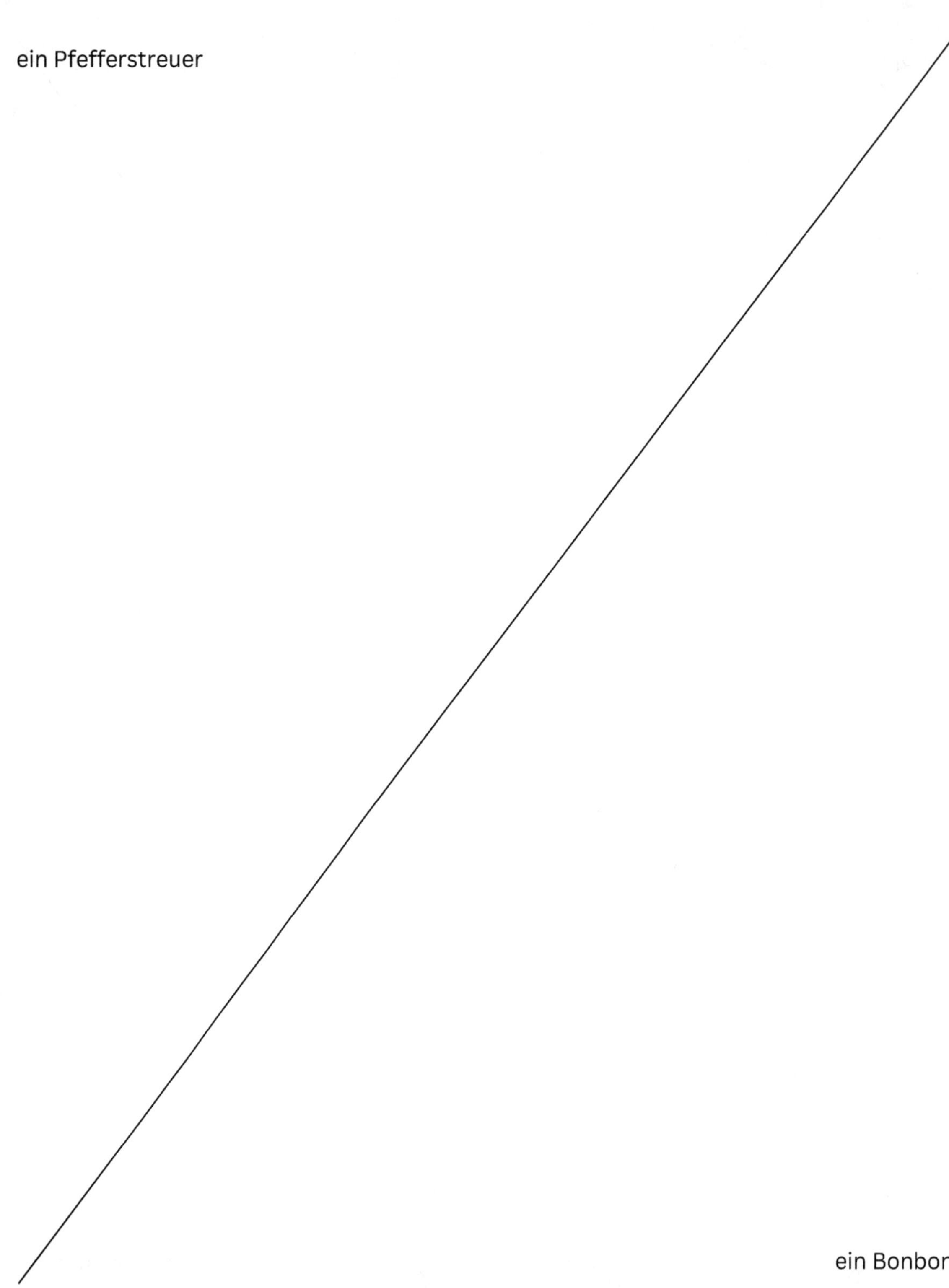
ein Pfefferstreuer
ein Bonbon

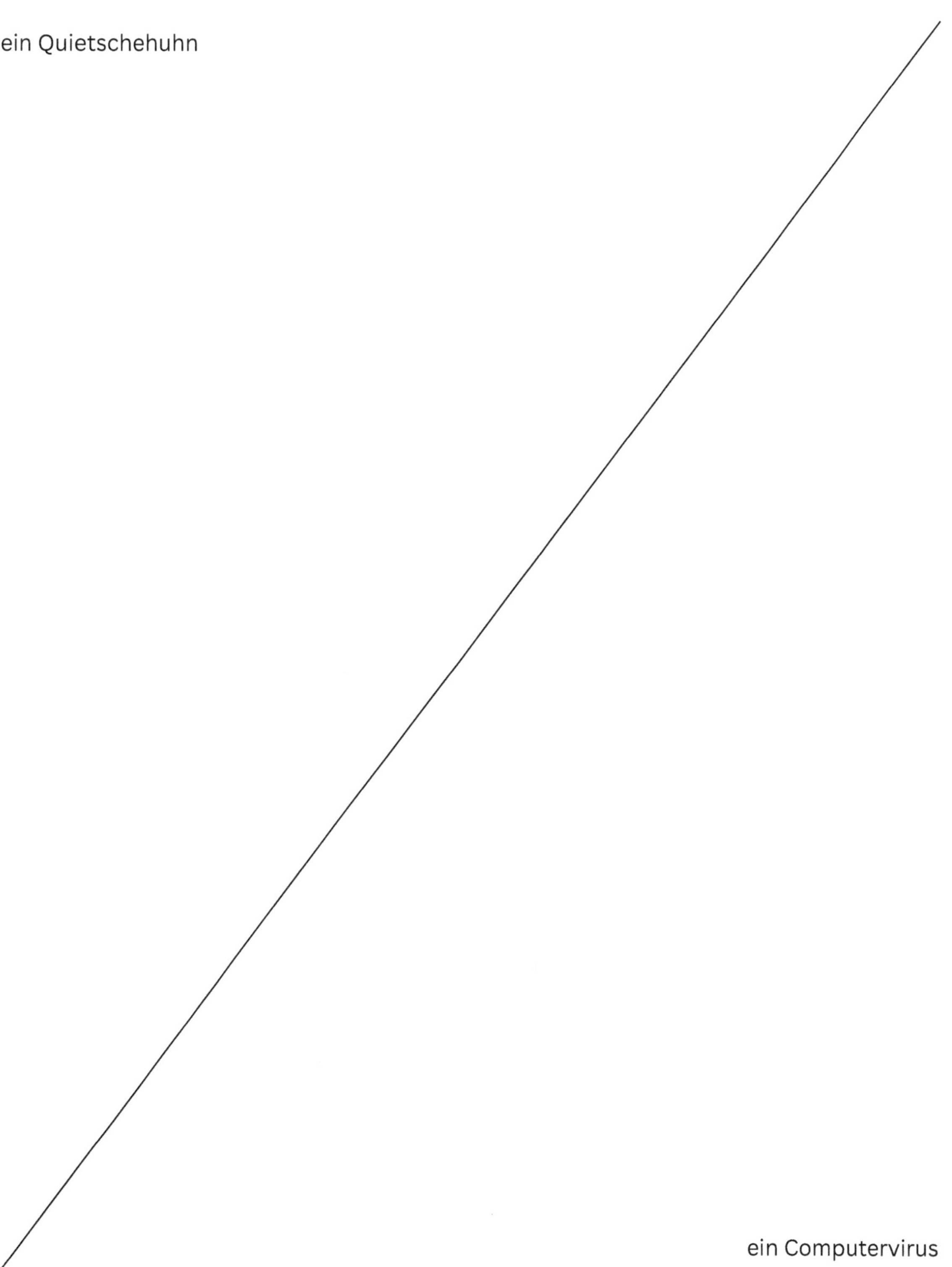
ein Quietschehuhn
ein Computervirus

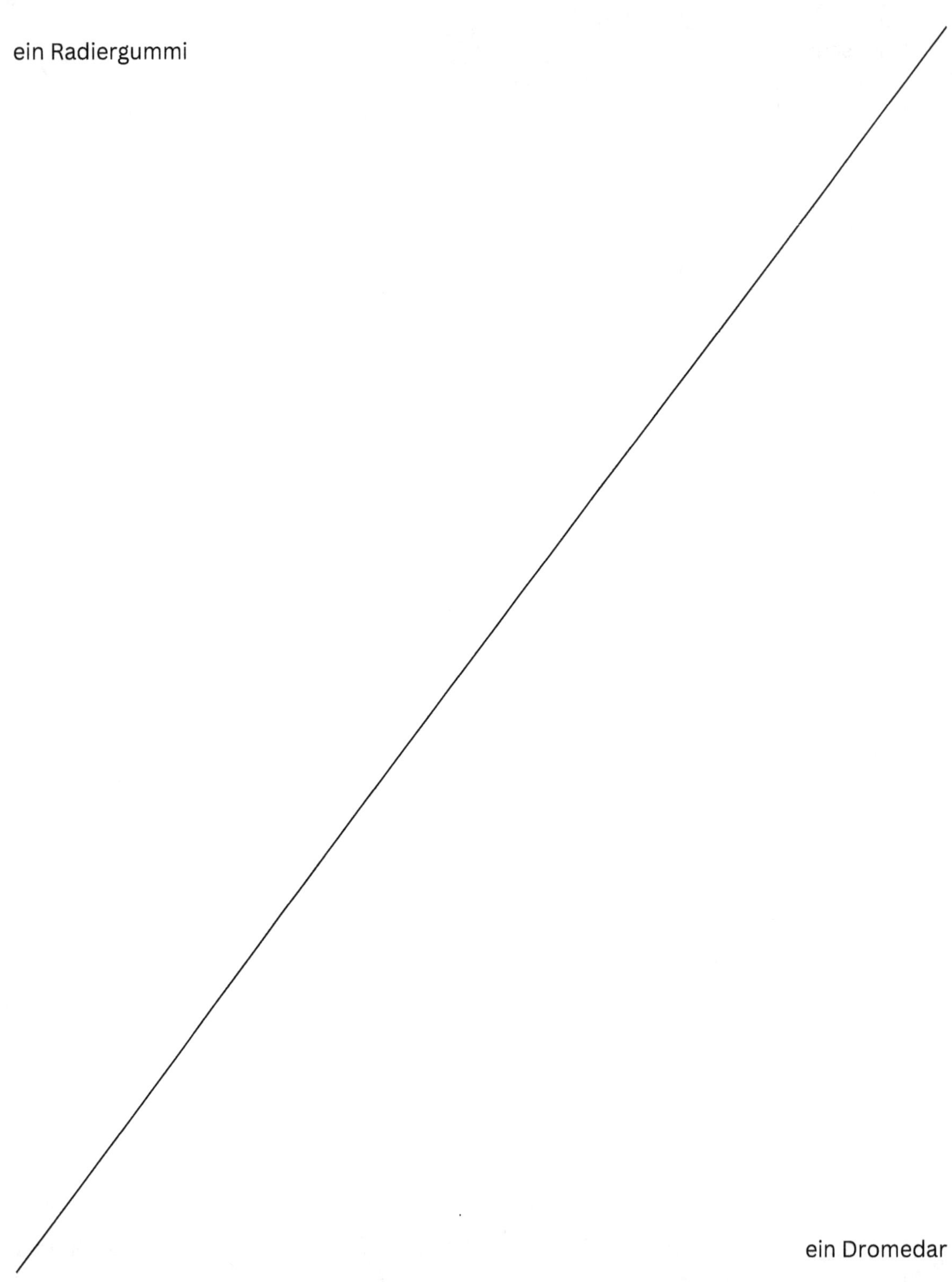
ein Radiergummi
ein Dromedar

ein Sandkorn

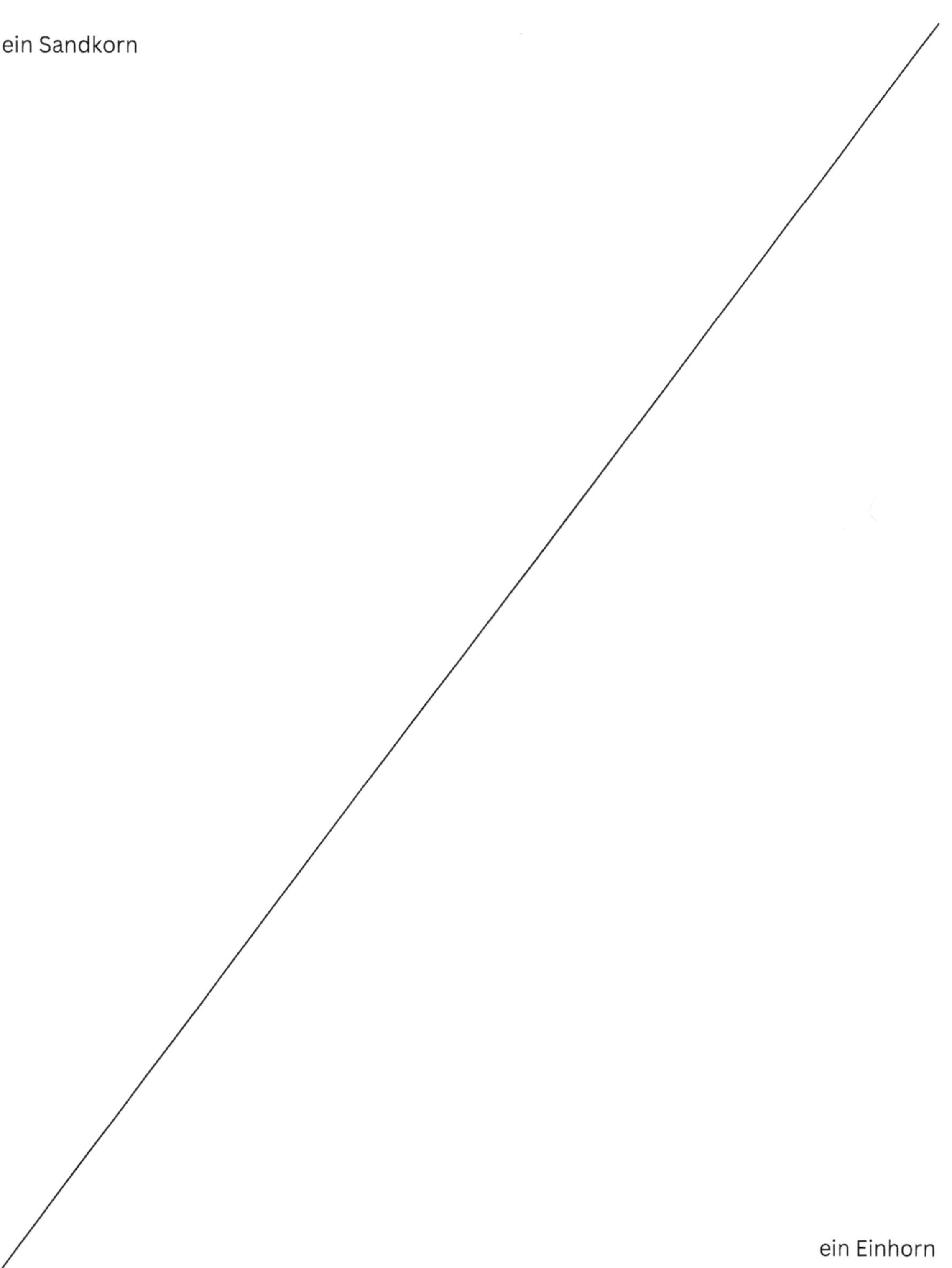

ein Einhorn

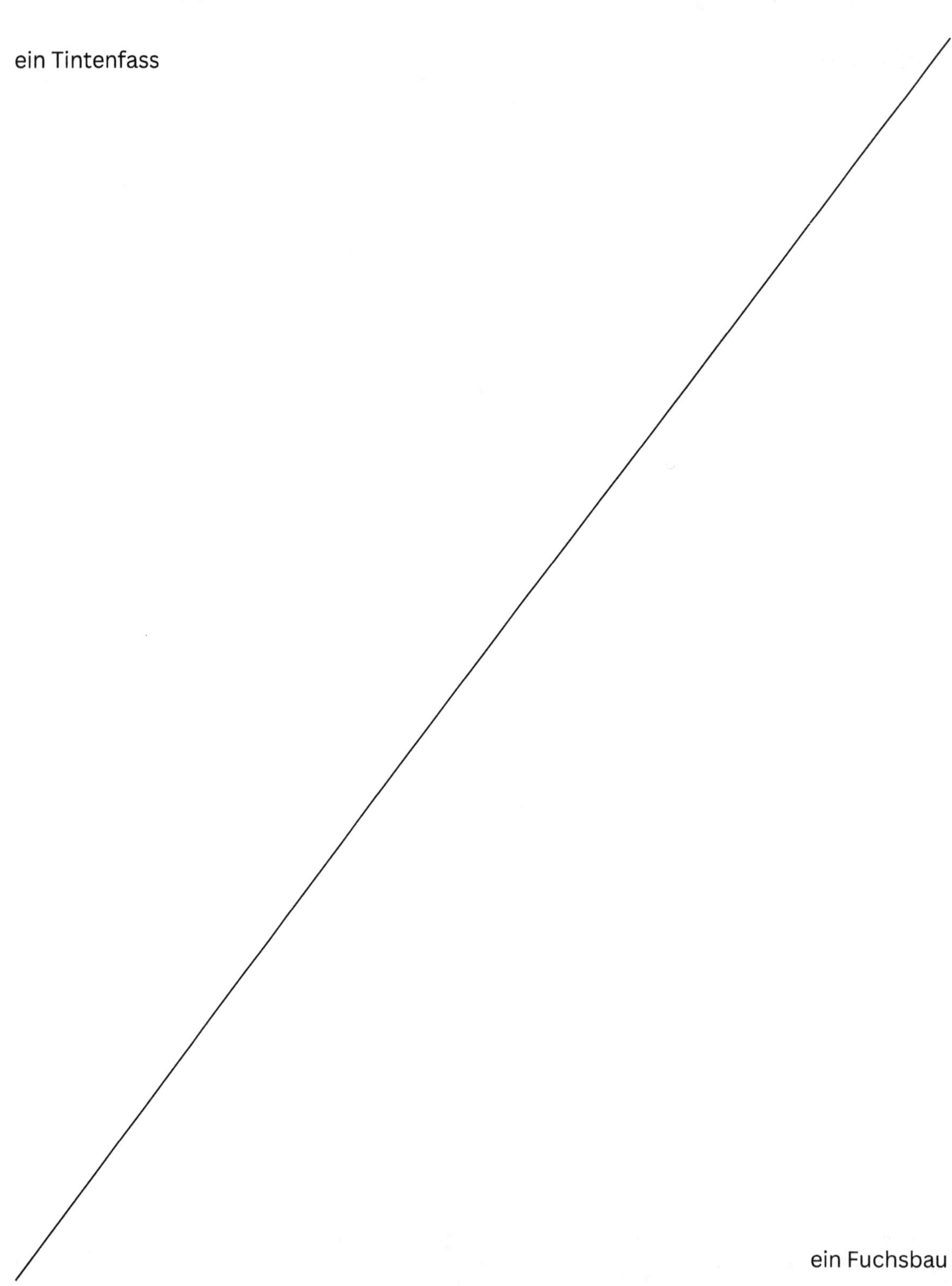
ein Tintenfass
ein Fuchsbau

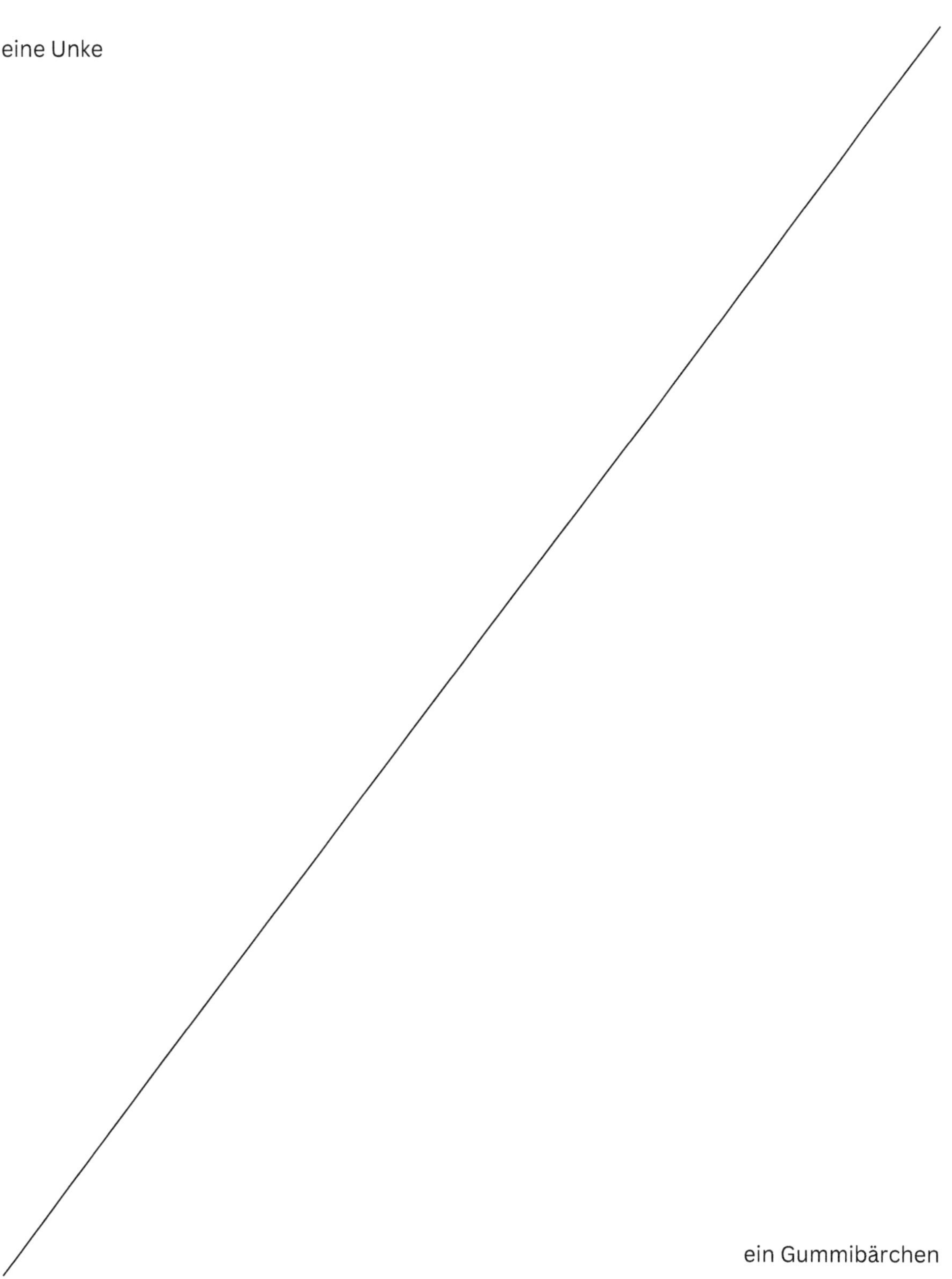
eine Unke
ein Gummibärchen

ein Volleyball

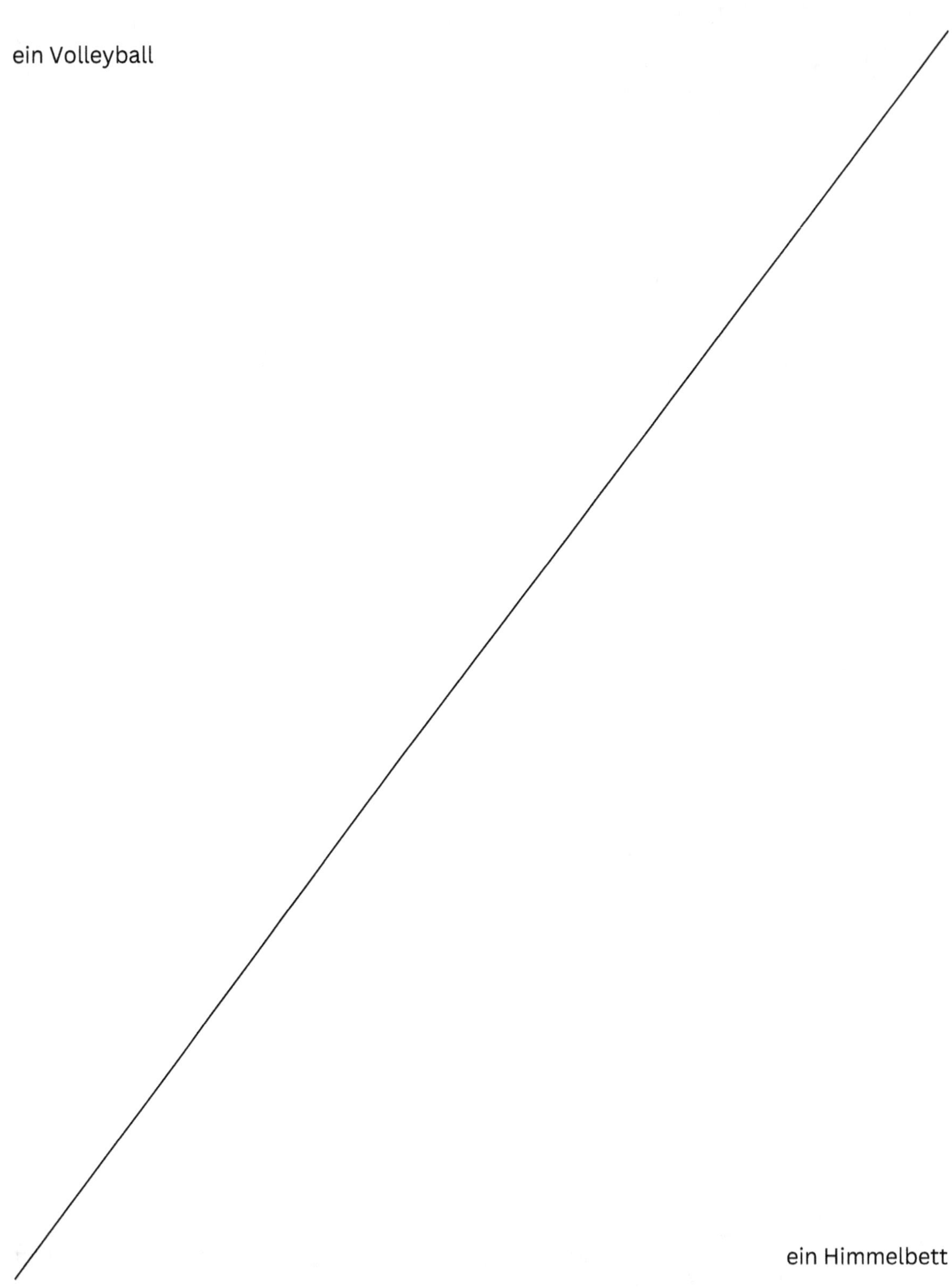

ein Himmelbett

ein Walross

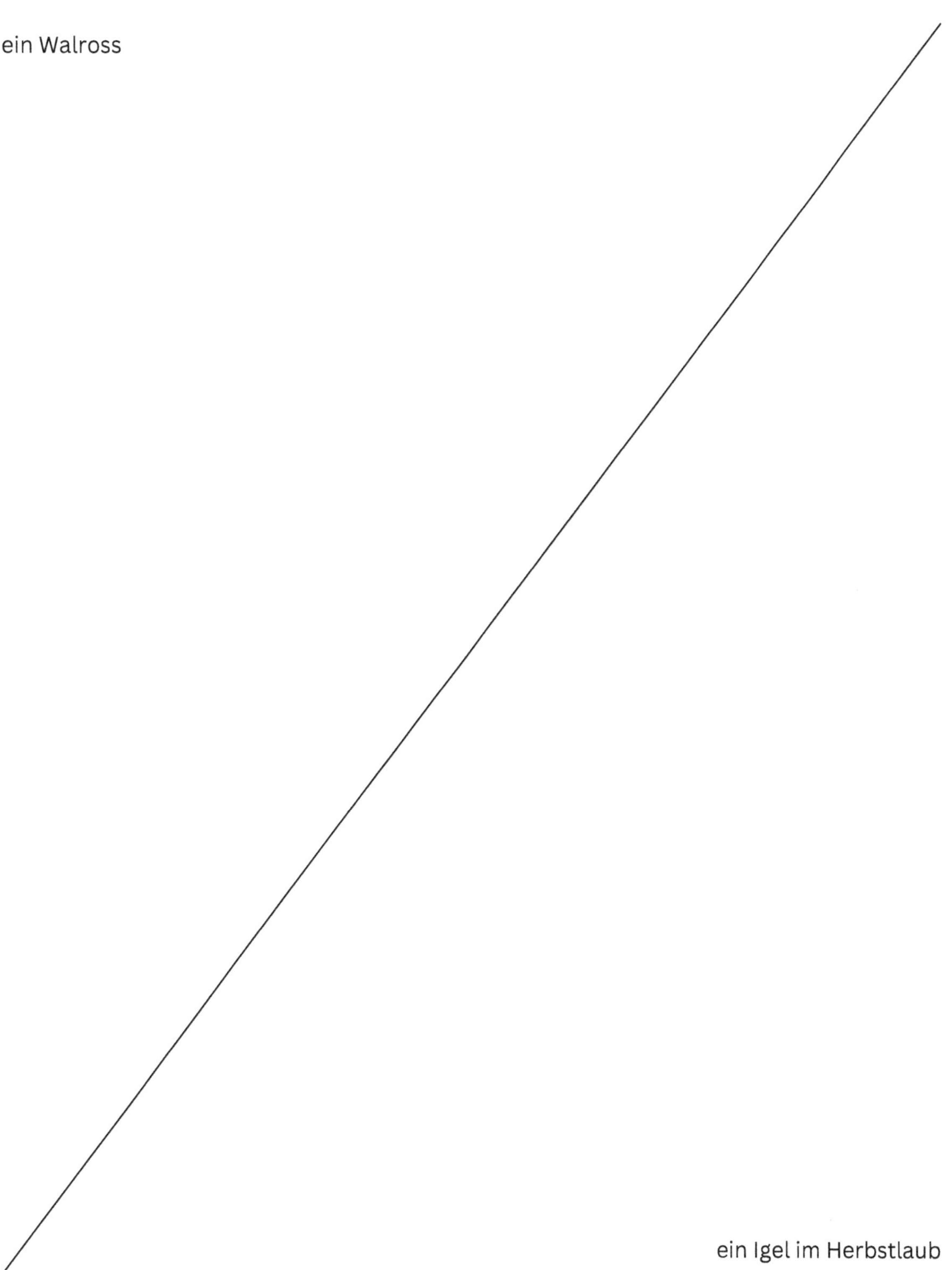

ein Igel im Herbstlaub

ein Xylograph

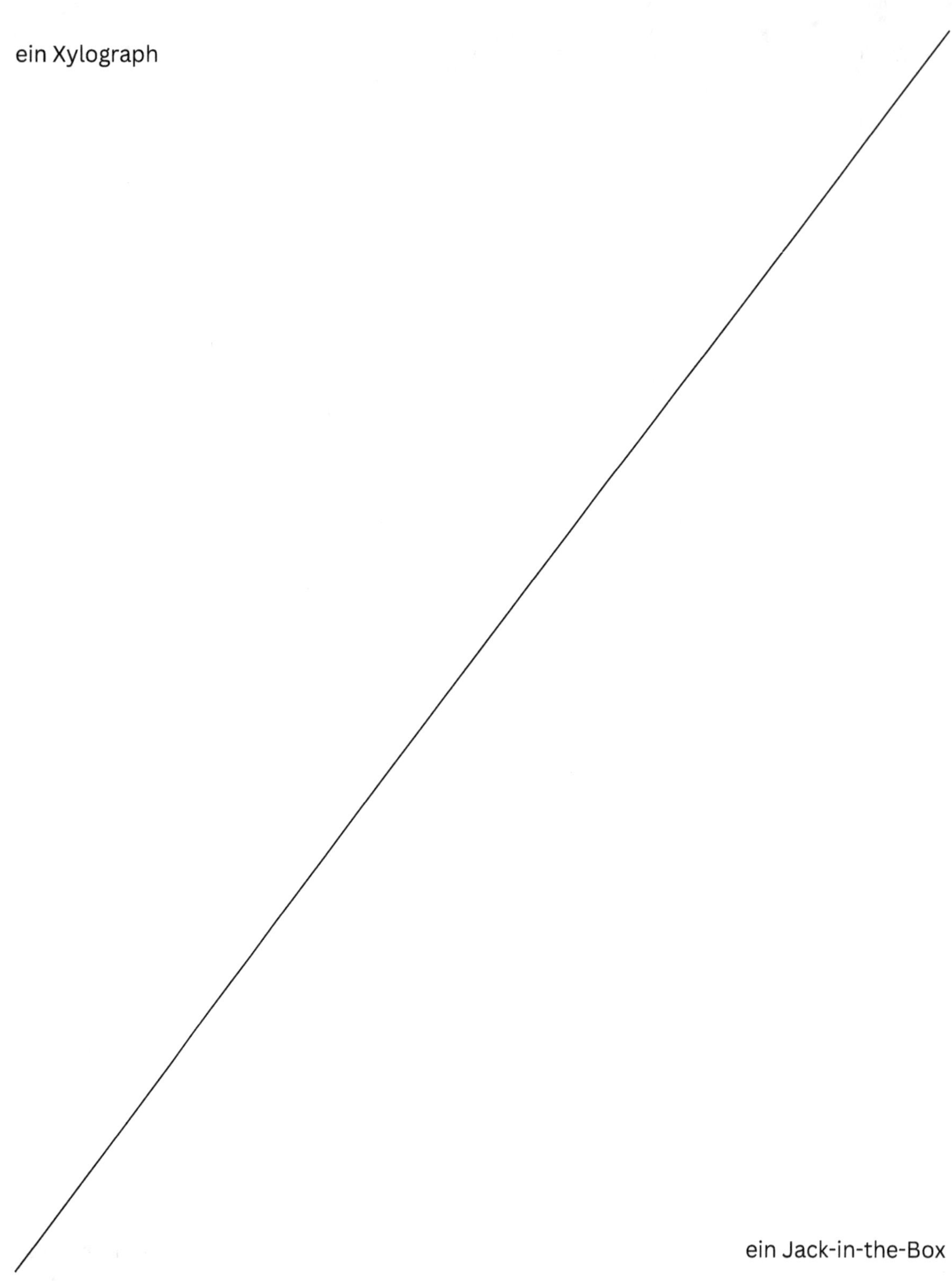

ein Jack-in-the-Box

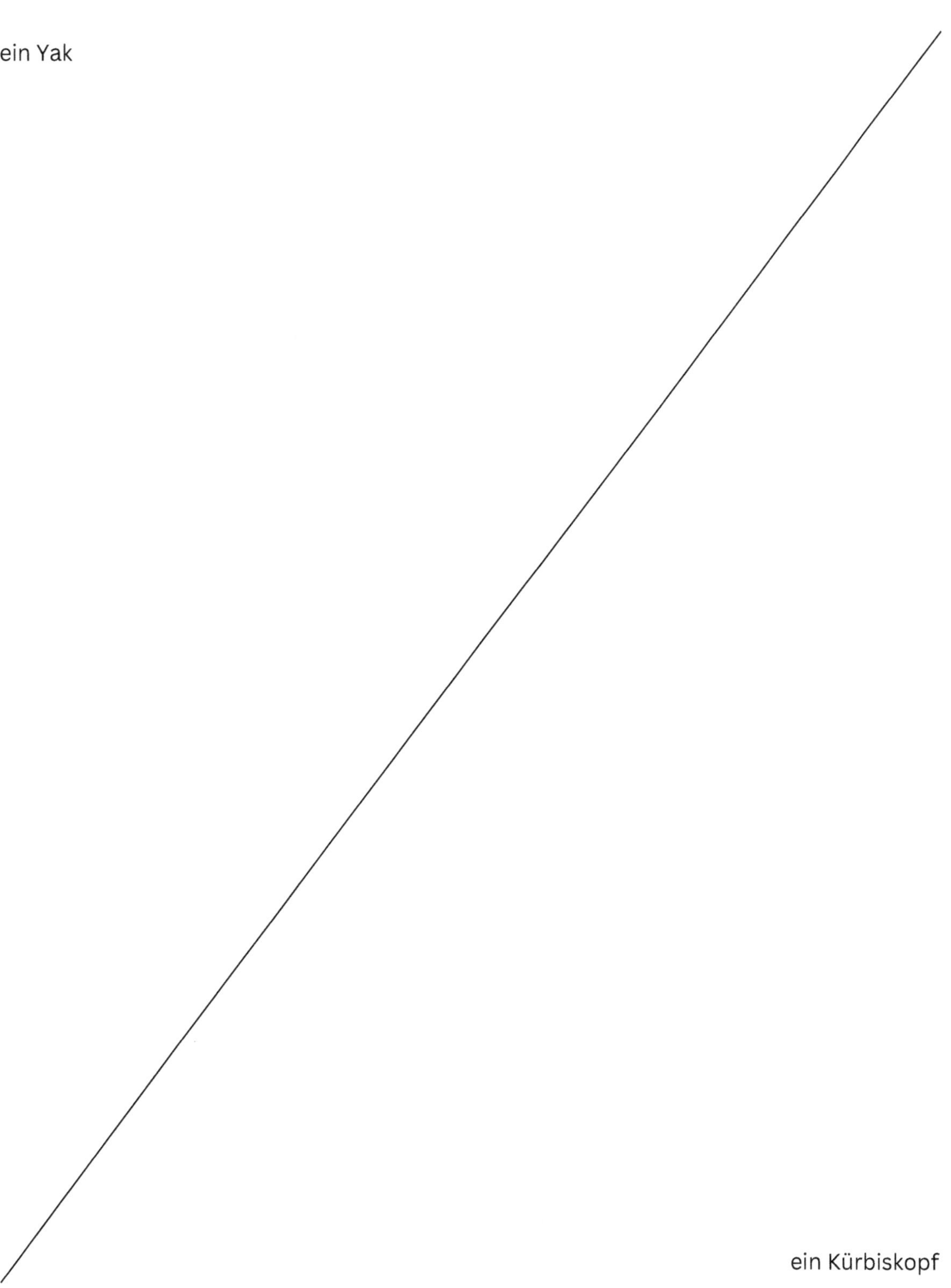
ein Yak
ein Kürbiskopf

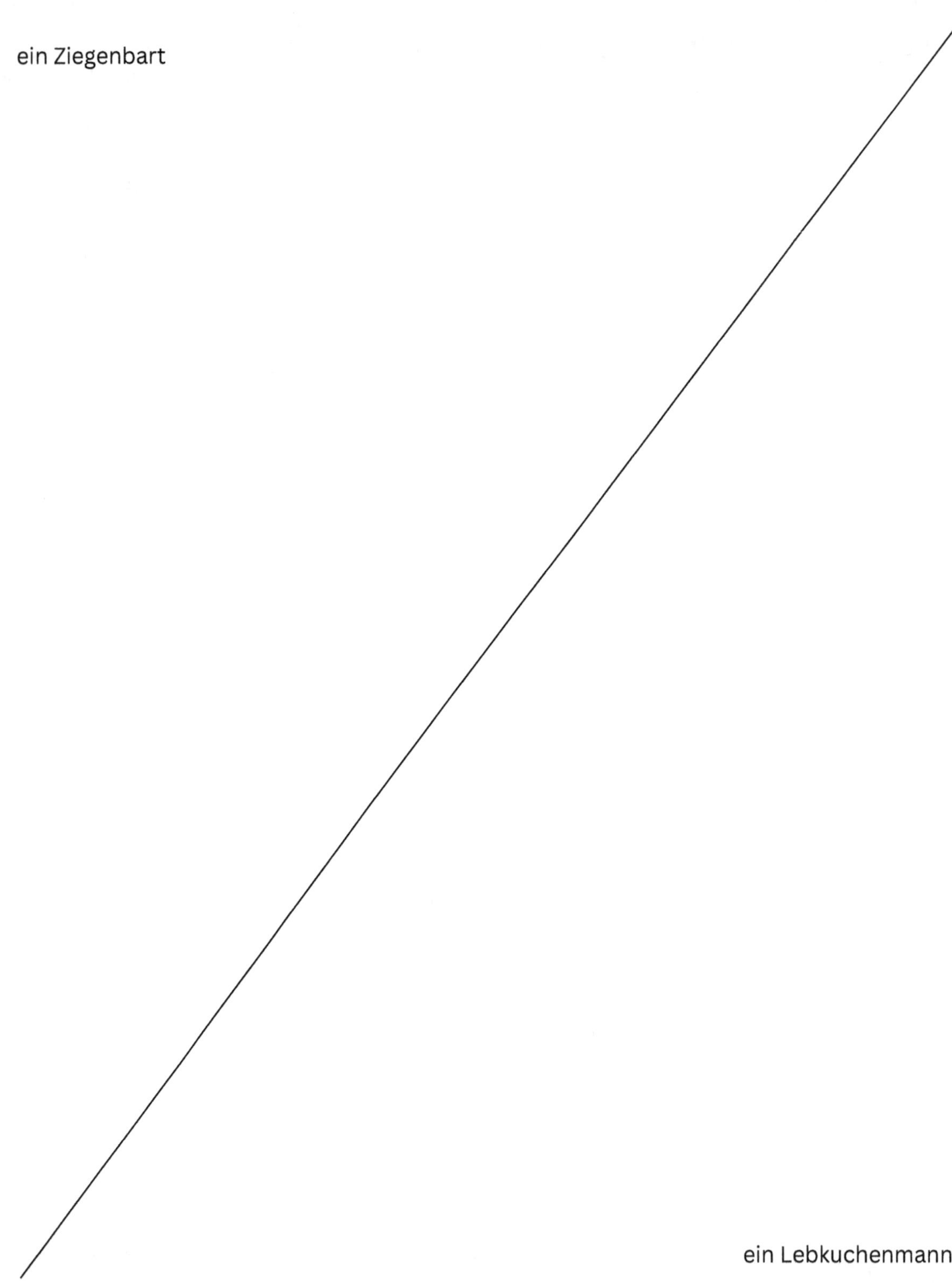
ein Ziegenbart
ein Lebkuchenmann

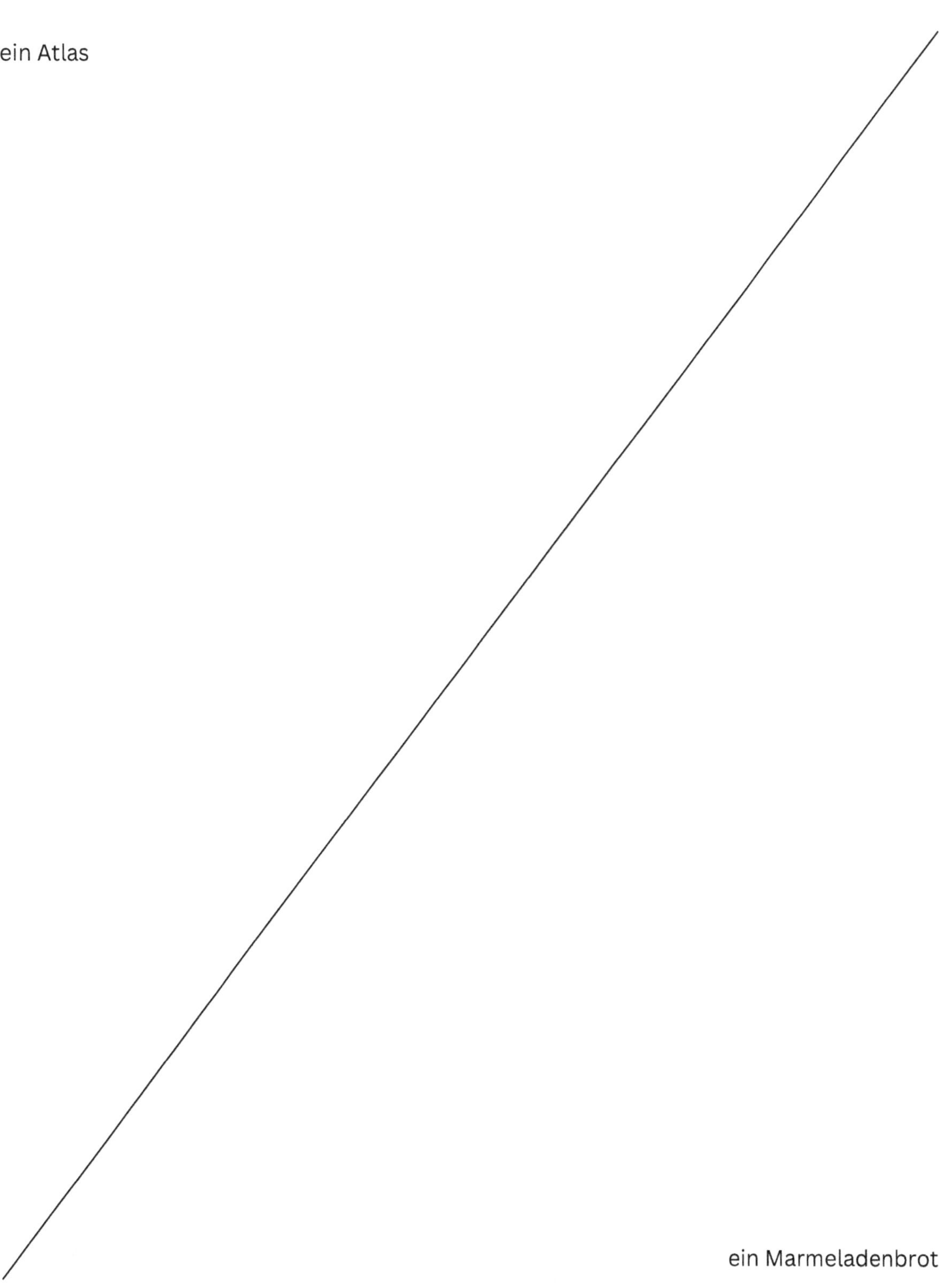
ein Atlas
ein Marmeladenbrot

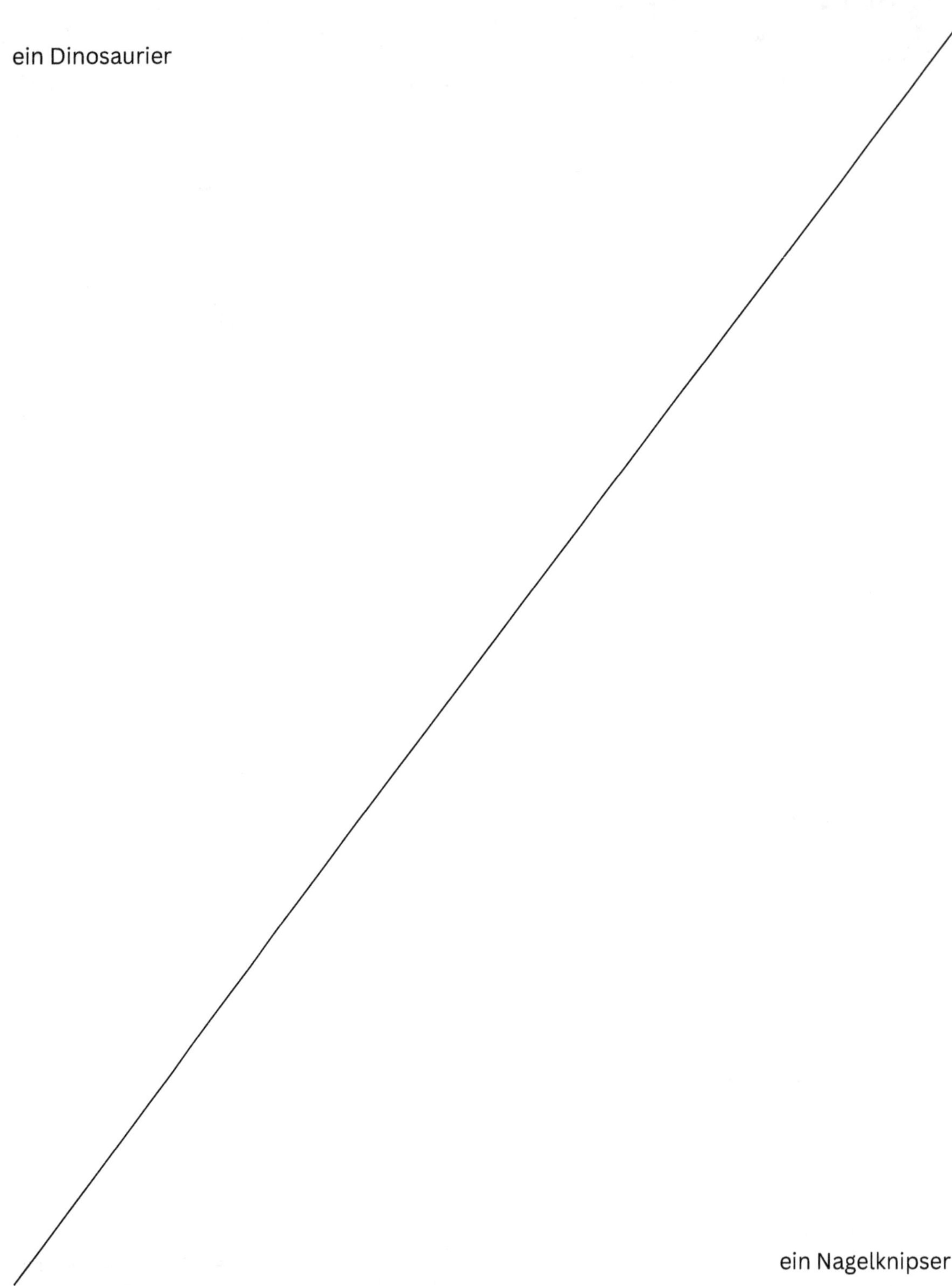
ein Dinosaurier
ein Nagelknipser

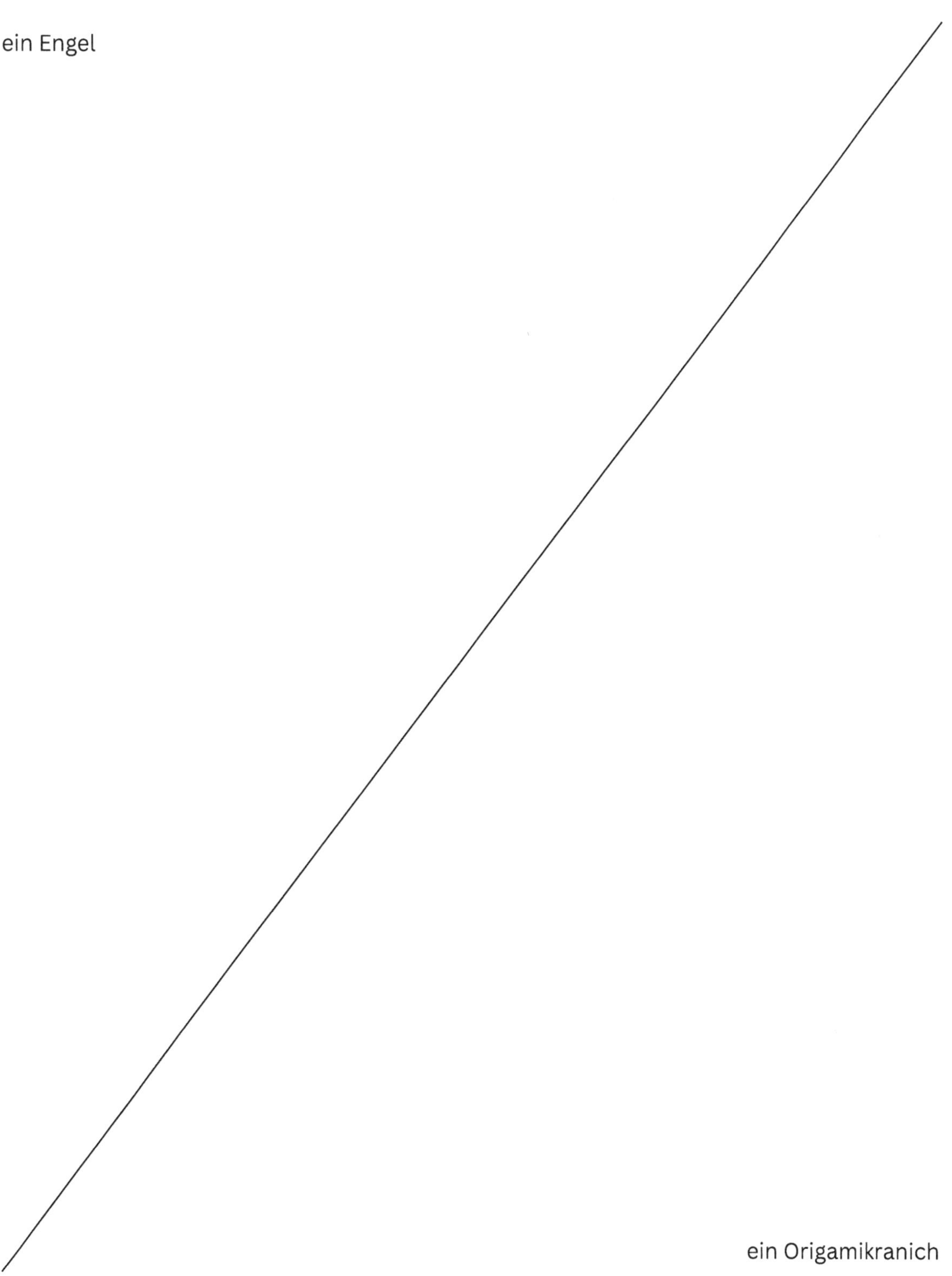
ein Engel
ein Origamikranich

ein Frühstück

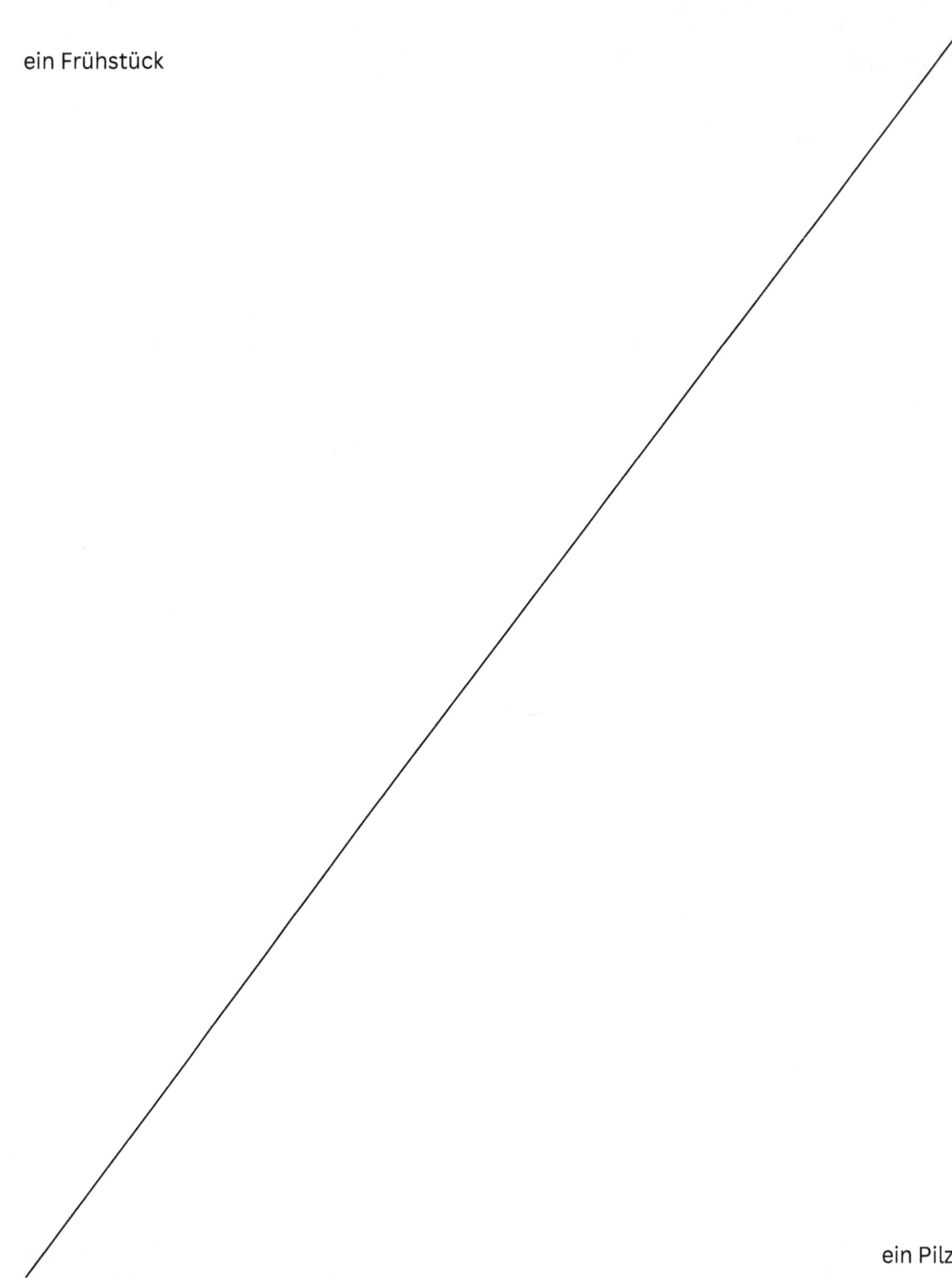

ein Pilz

ein Gewitter

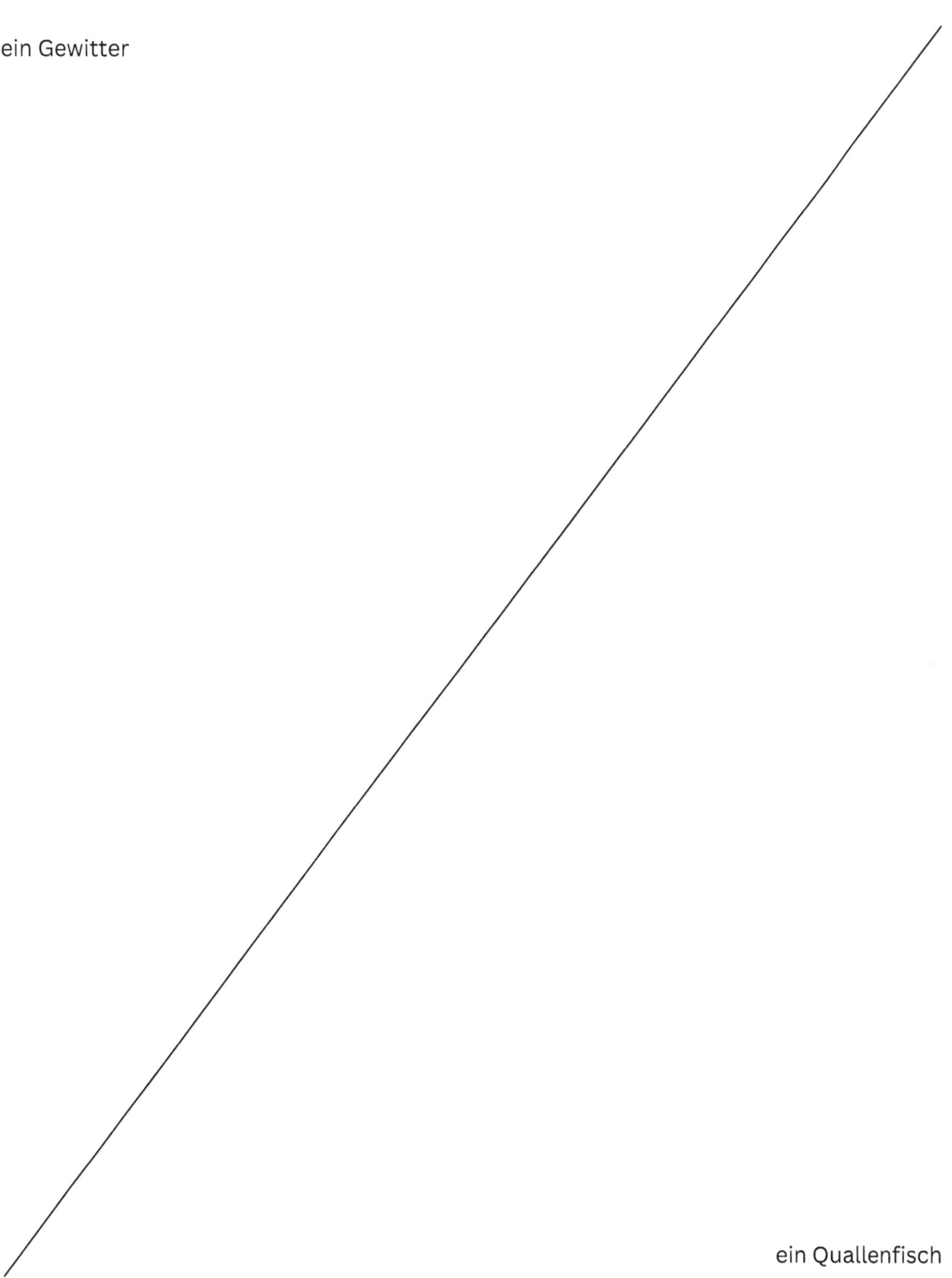

ein Quallenfisch

ein Hydrant

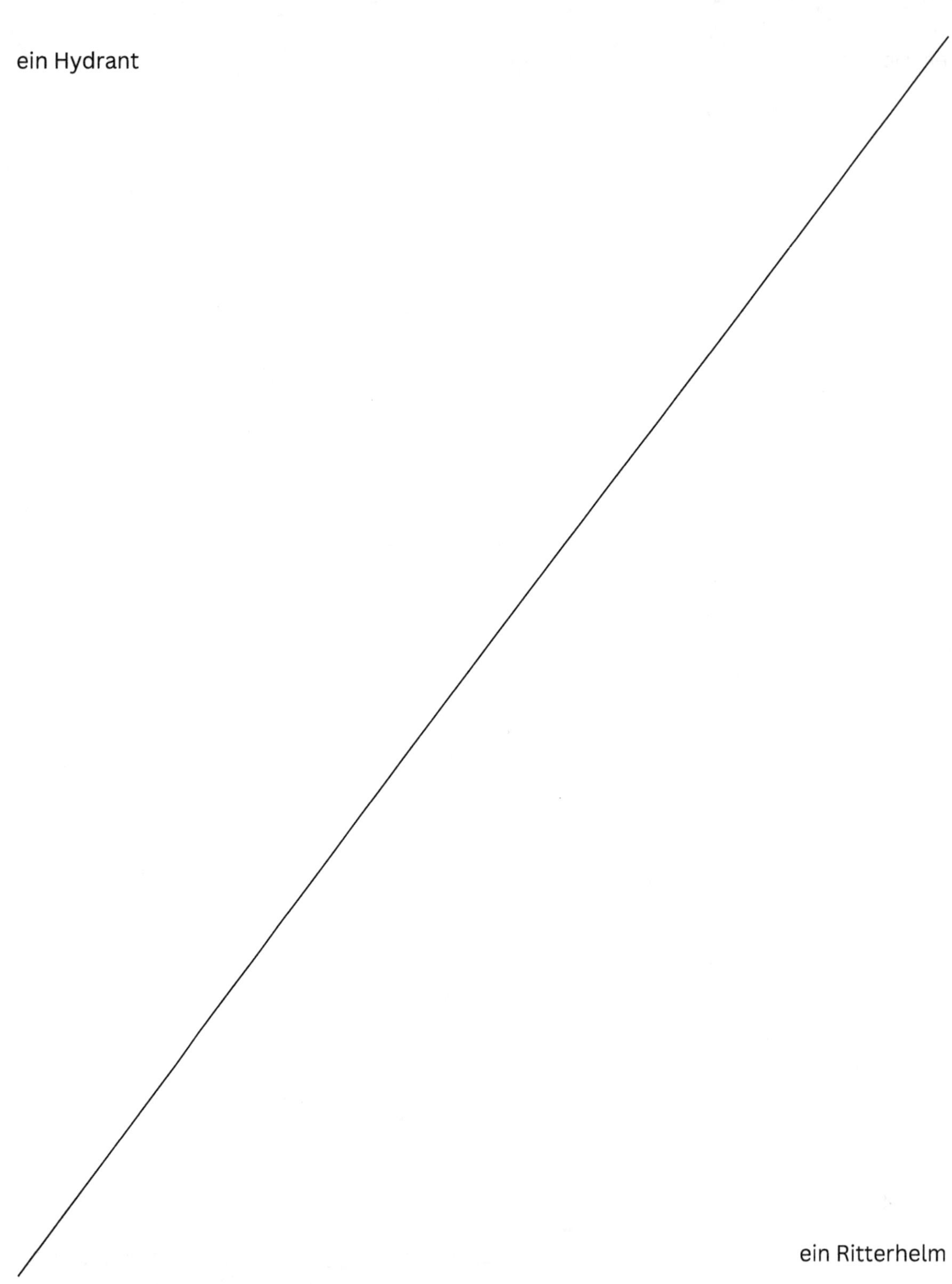

ein Ritterhelm

ein Iglu-Eingang

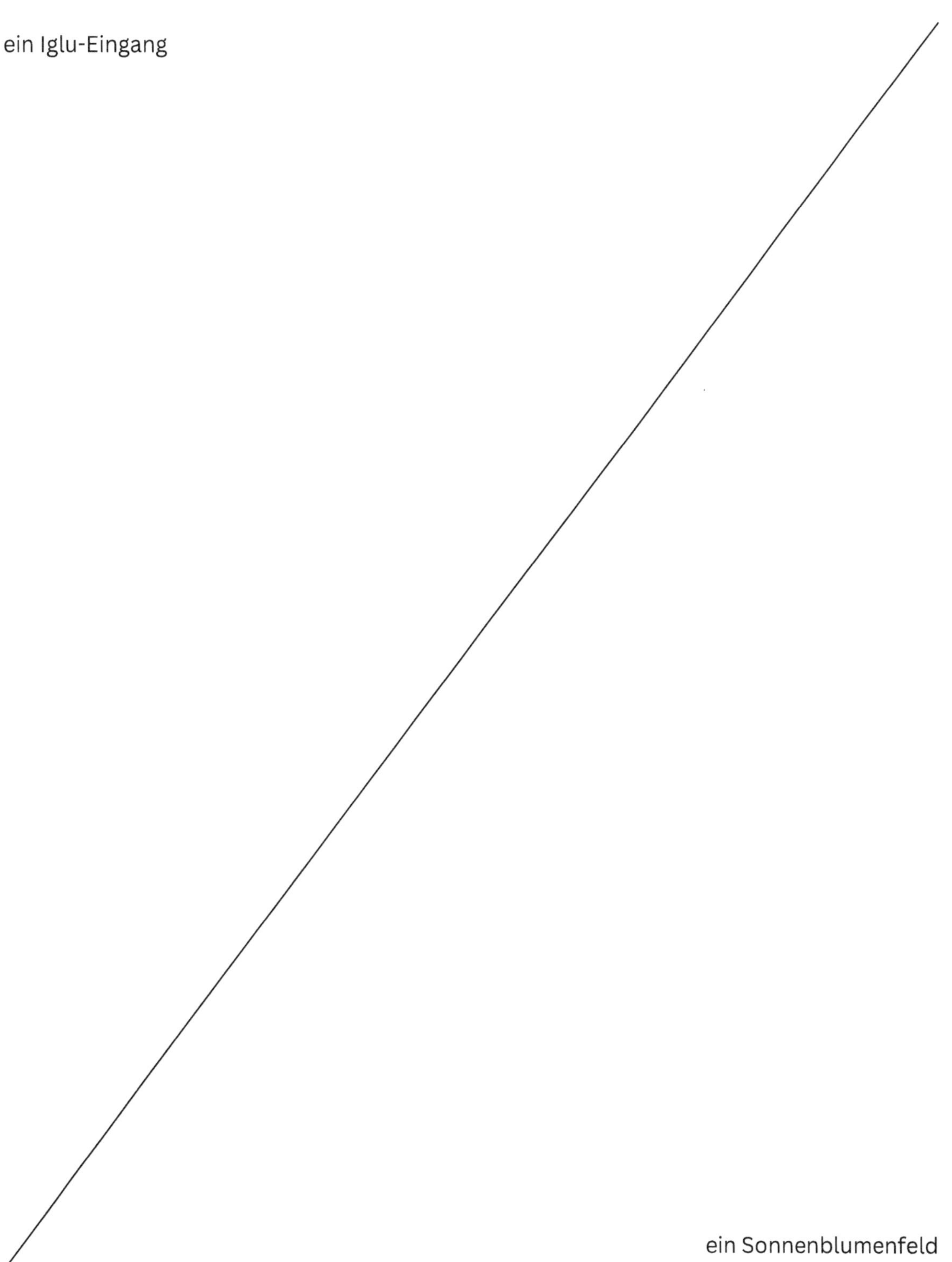

ein Sonnenblumenfeld

ein Joghurtlöffel

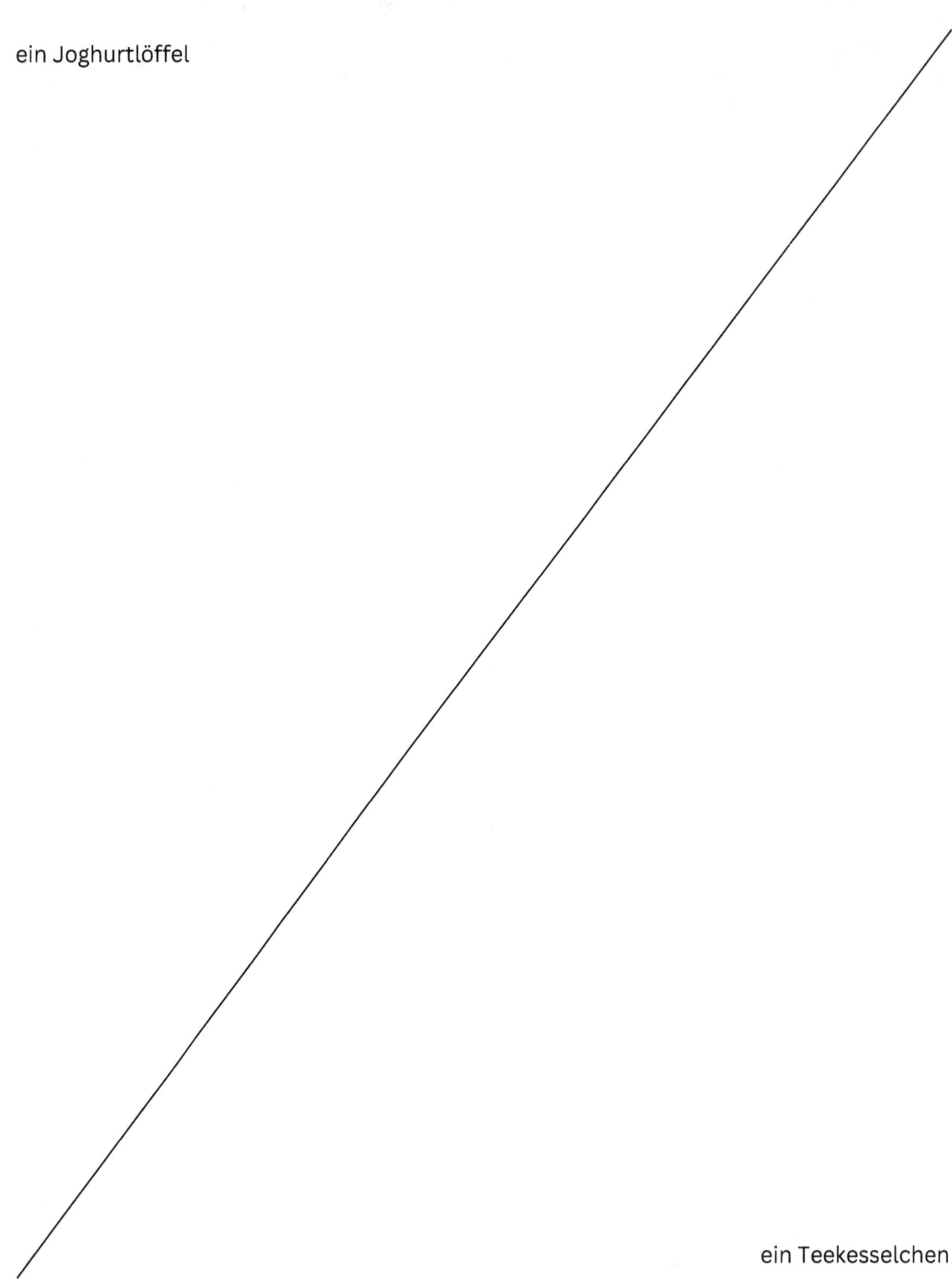

ein Teekesselchen

ein Kissenbezug

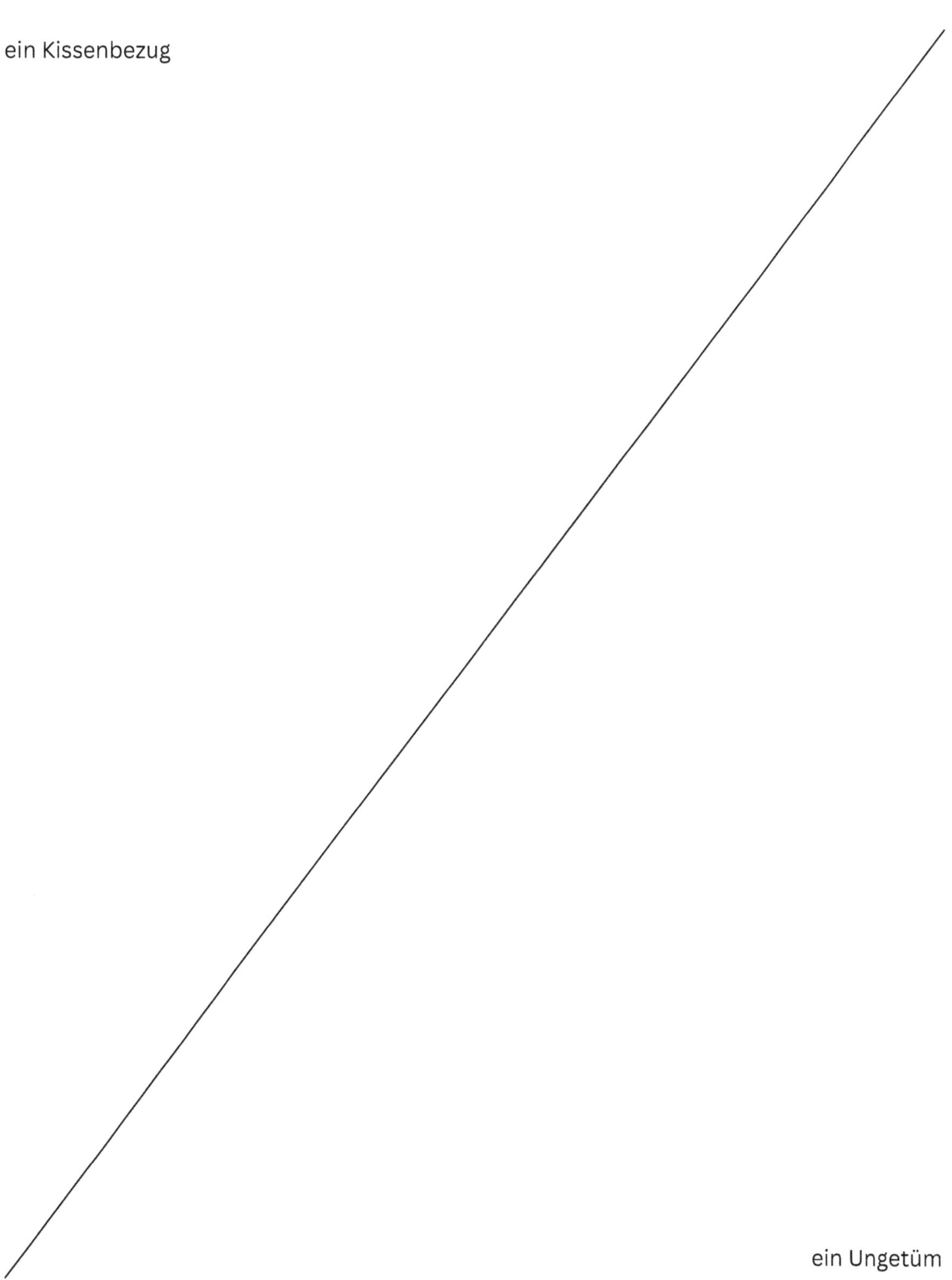

ein Ungetüm

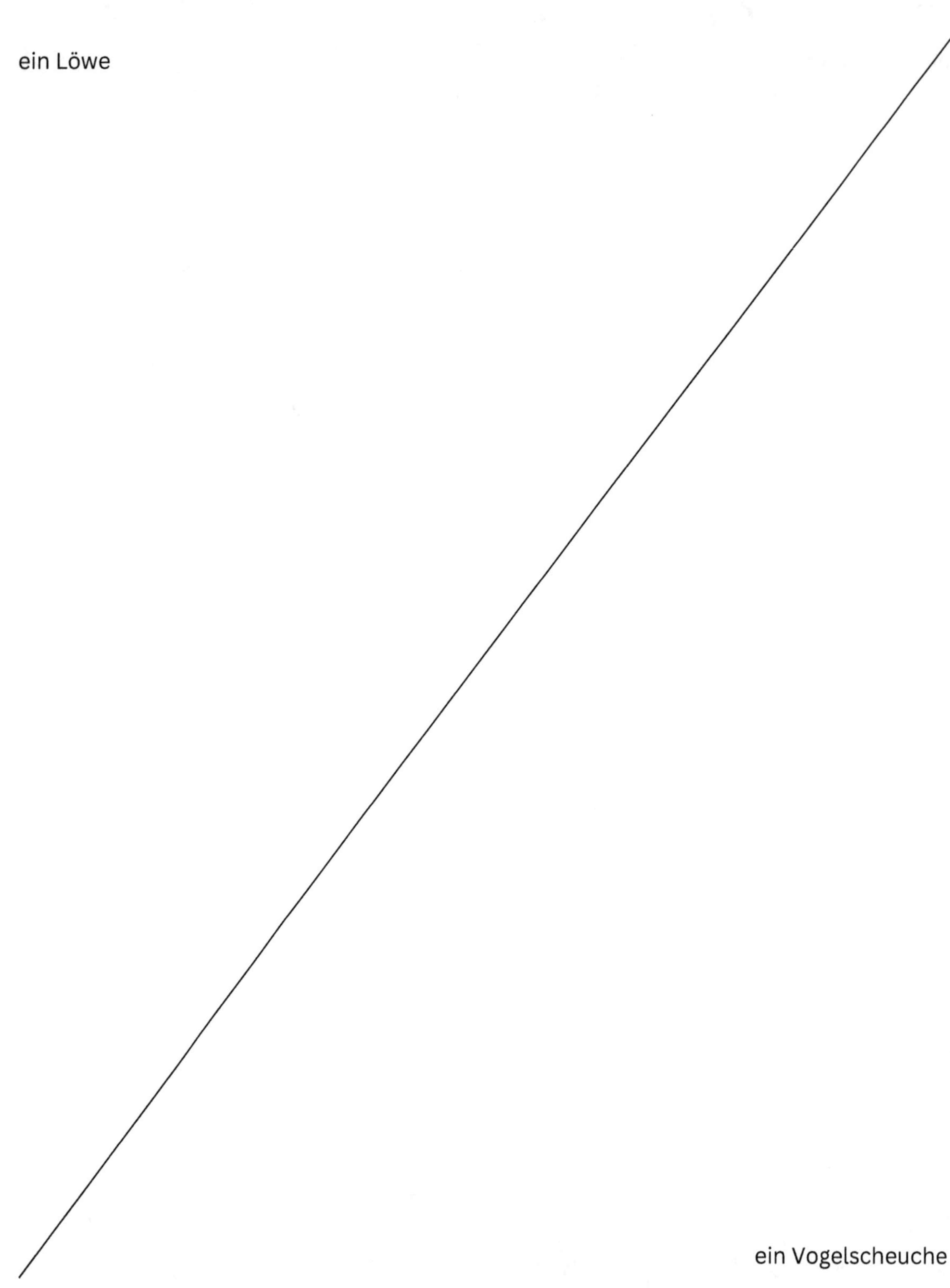
ein Löwe
ein Vogelscheuche

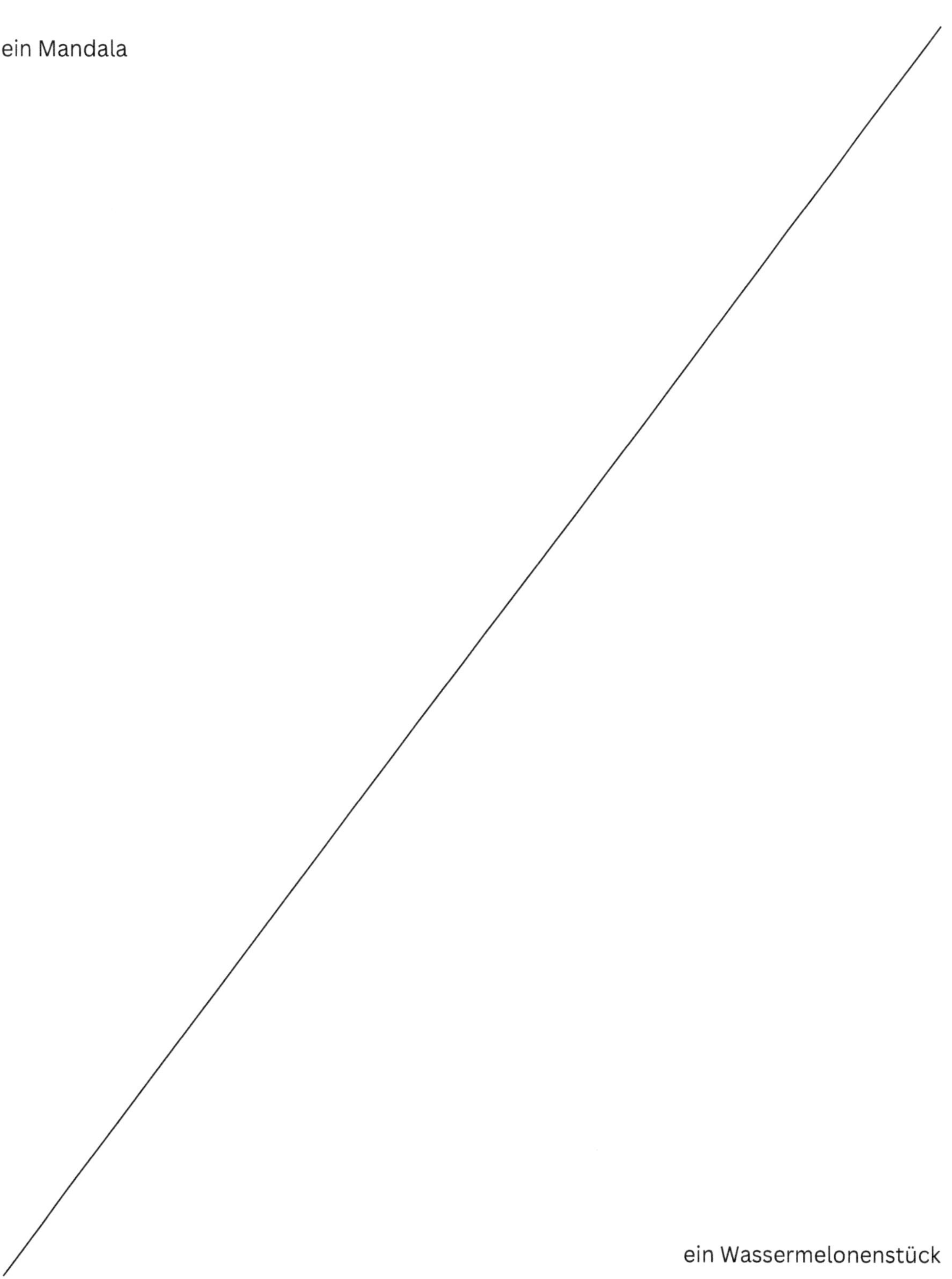

ein Mandala
ein Wassermelonenstück

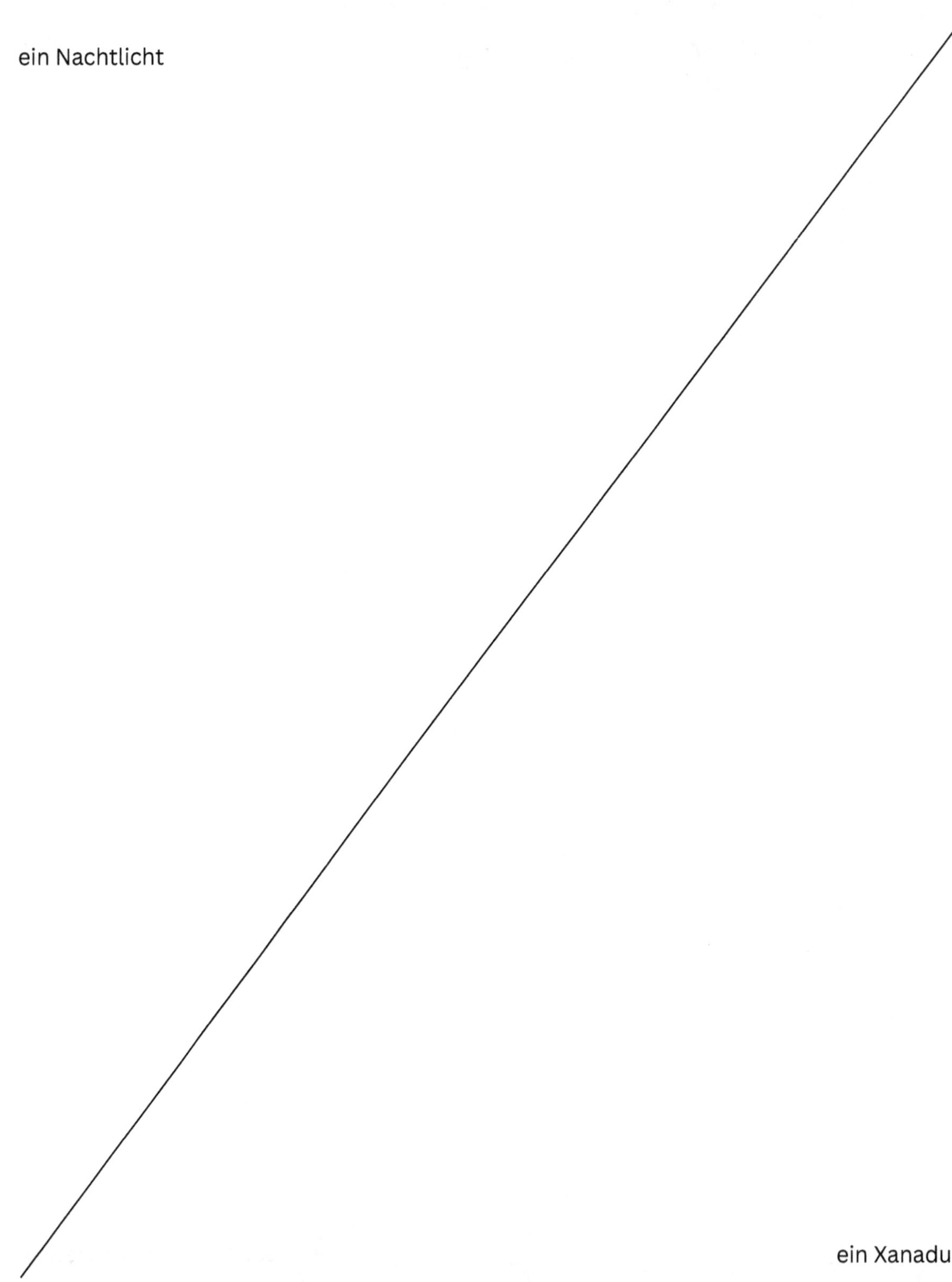
ein Nachtlicht
ein Xanadu

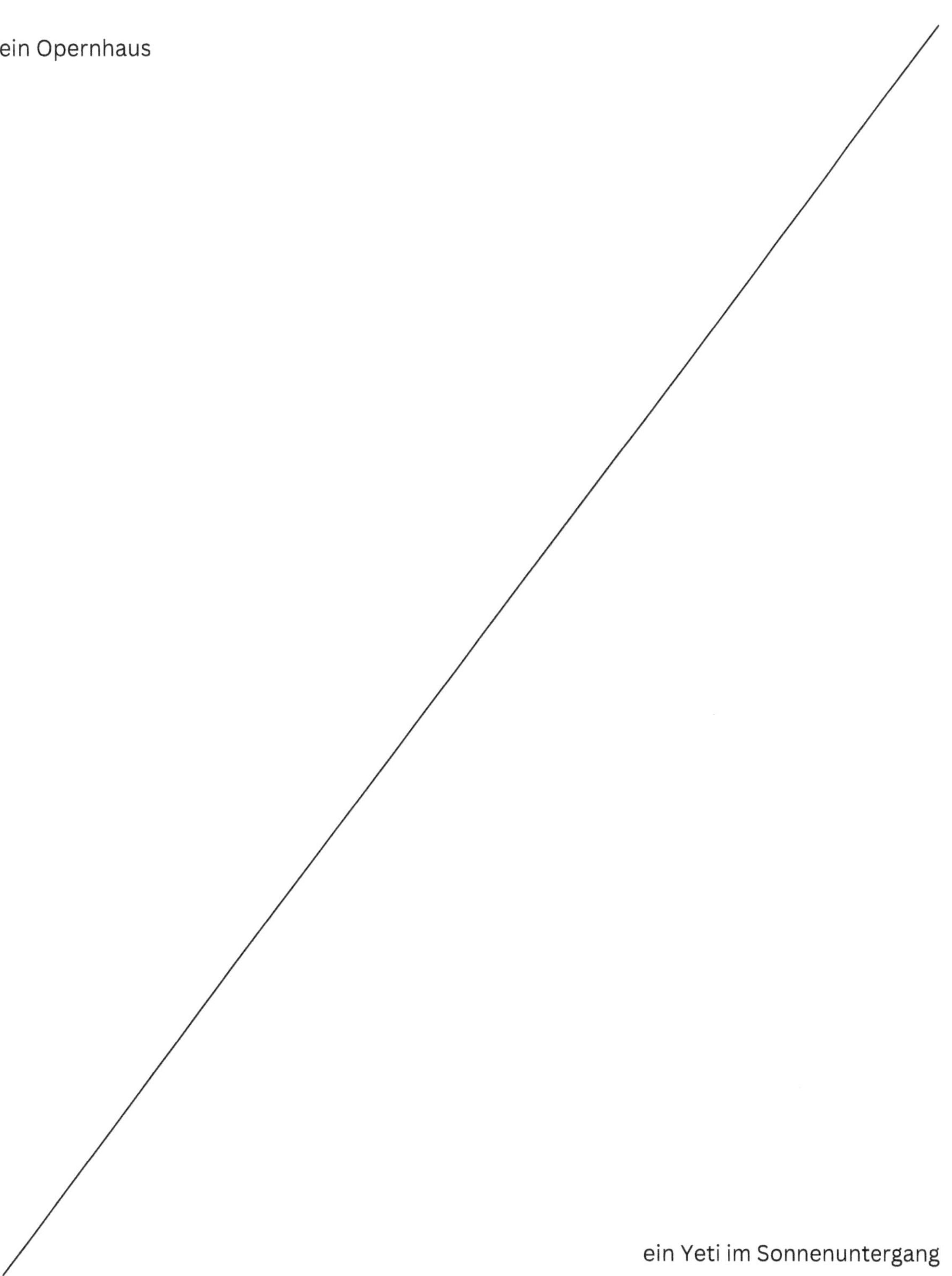

ein Opernhaus
ein Yeti im Sonnenuntergang

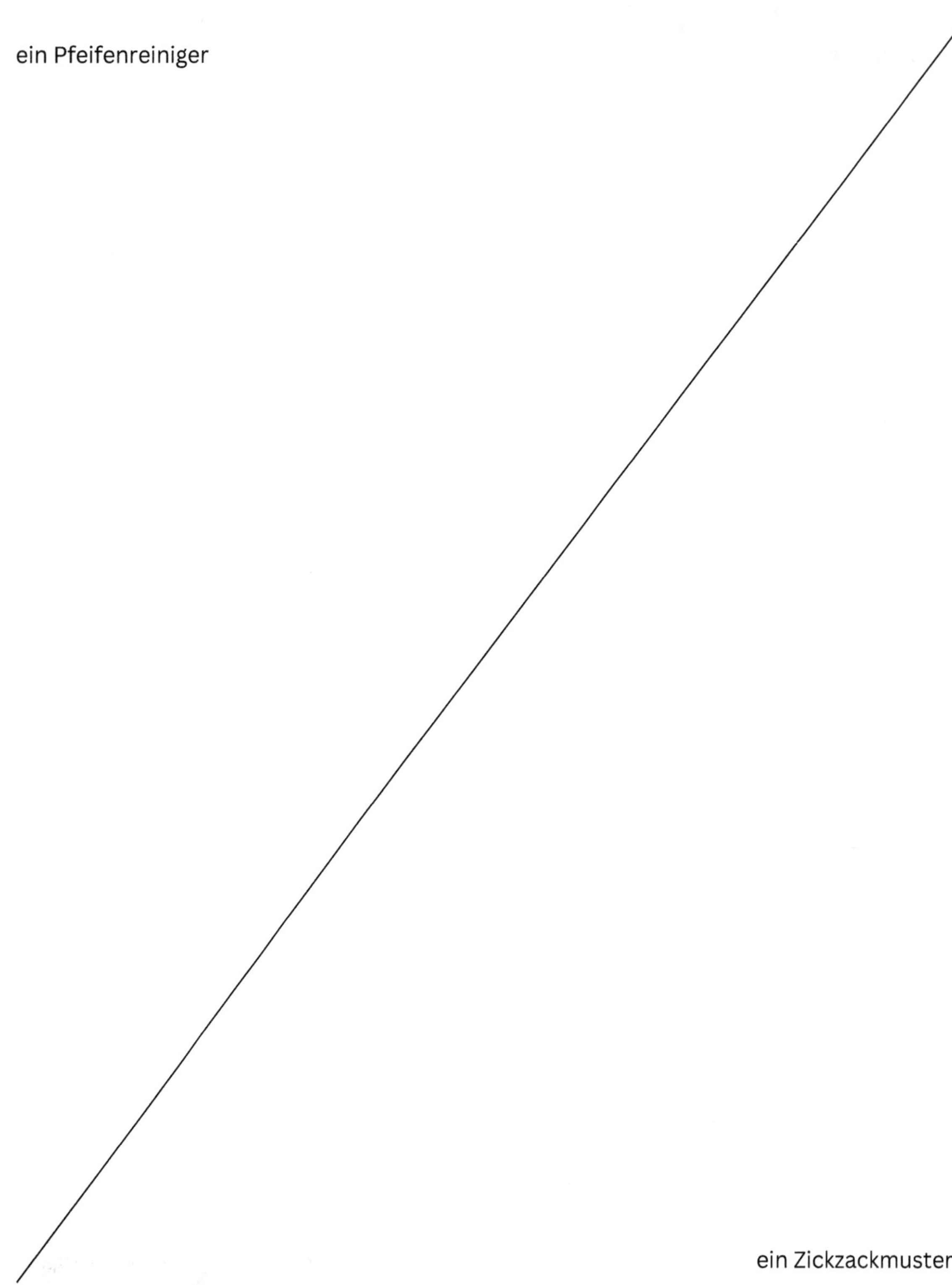

ein Pfeifenreiniger
ein Zickzackmuster

ein Quadrat

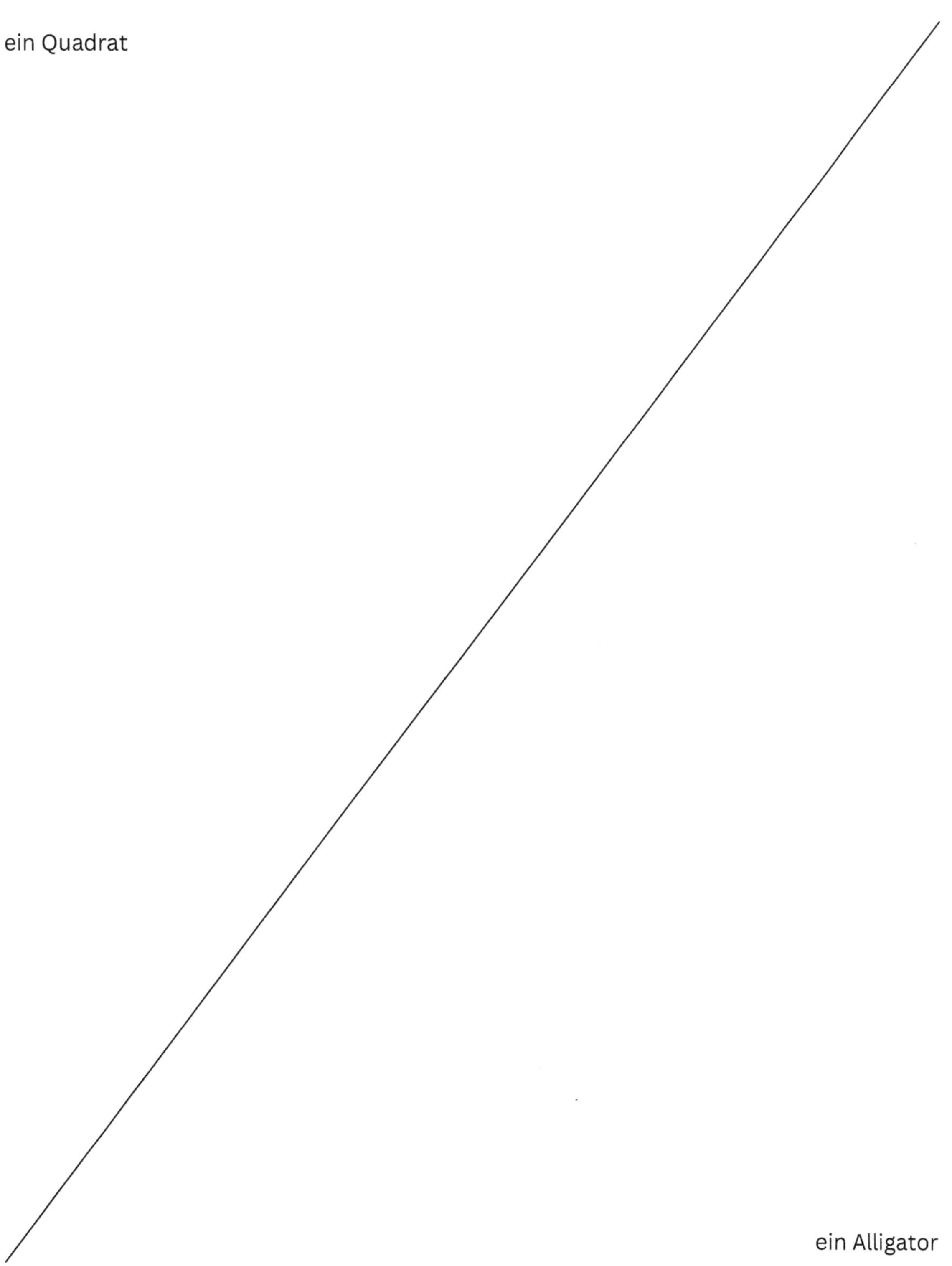

ein Alligator

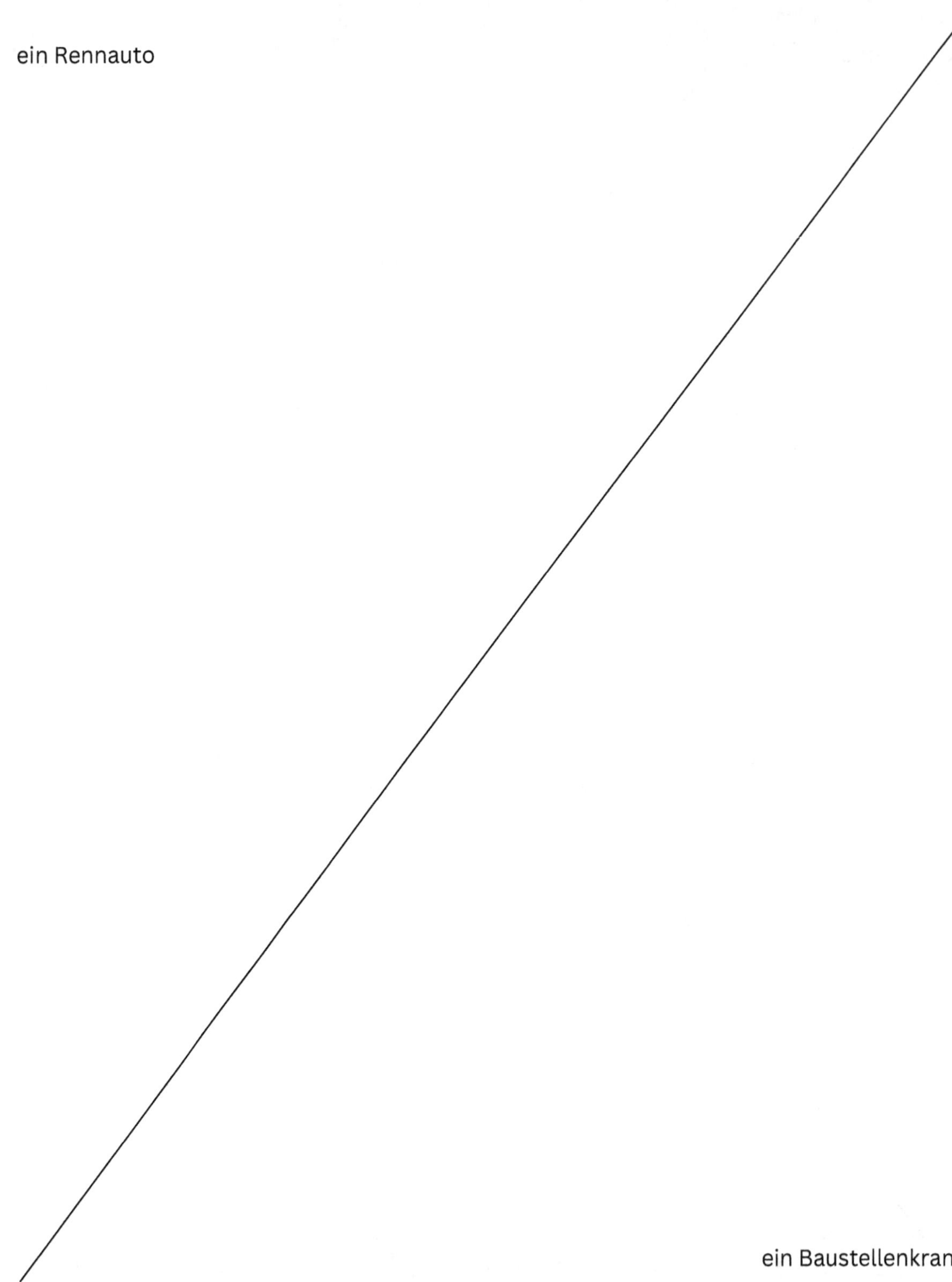
ein Rennauto
ein Baustellenkran

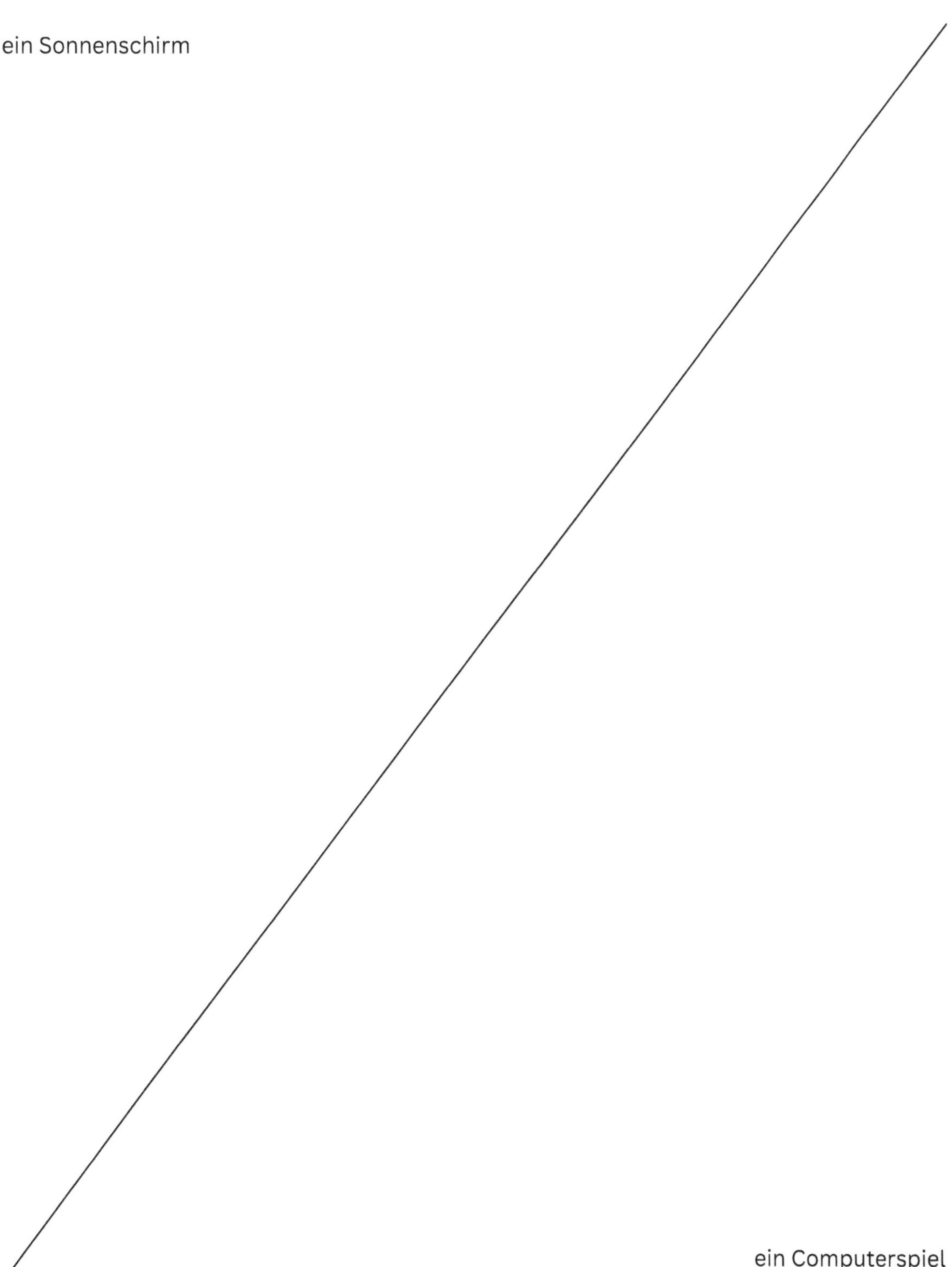
ein Sonnenschirm
ein Computerspiel

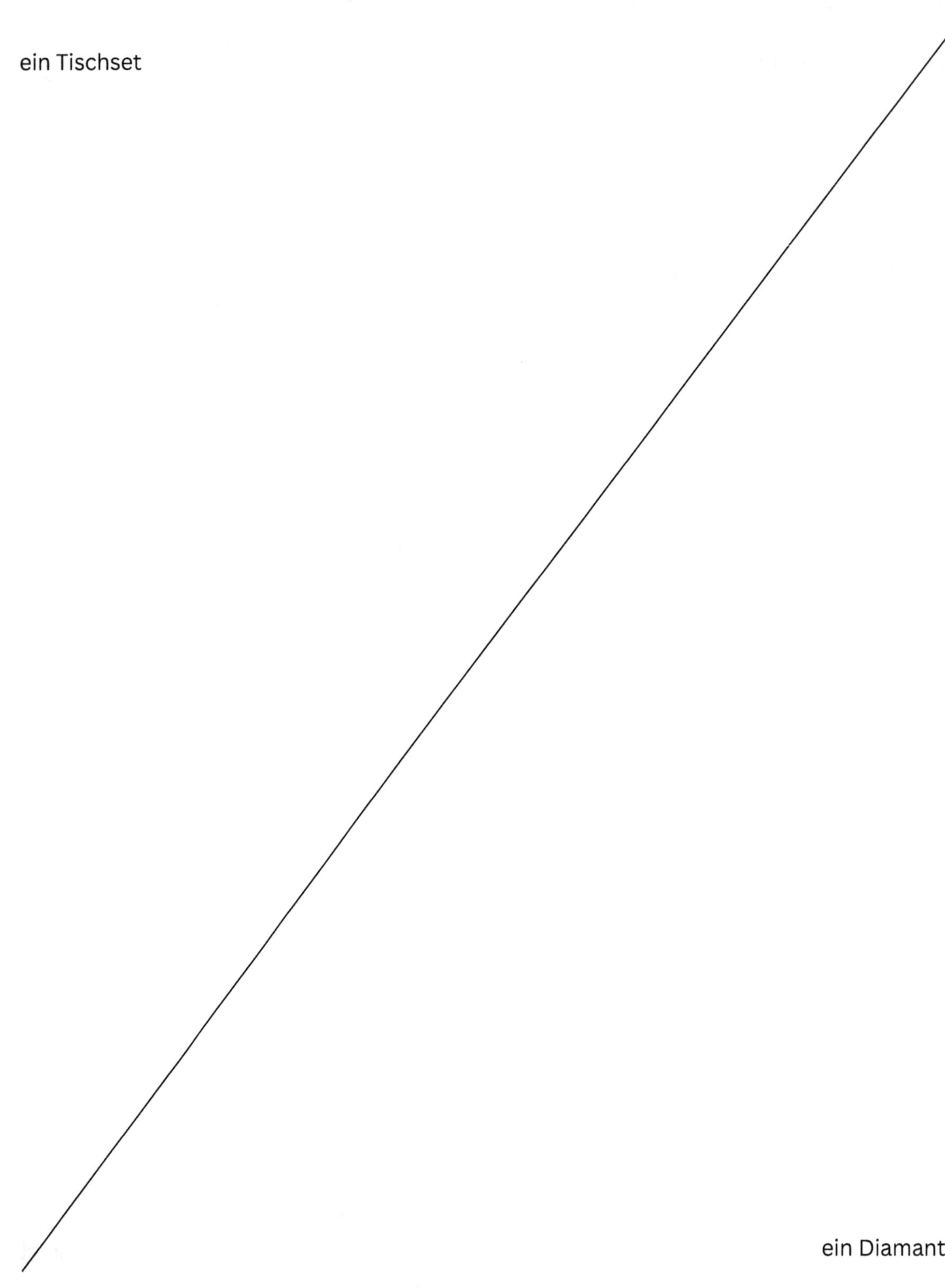
ein Tischset
ein Diamant

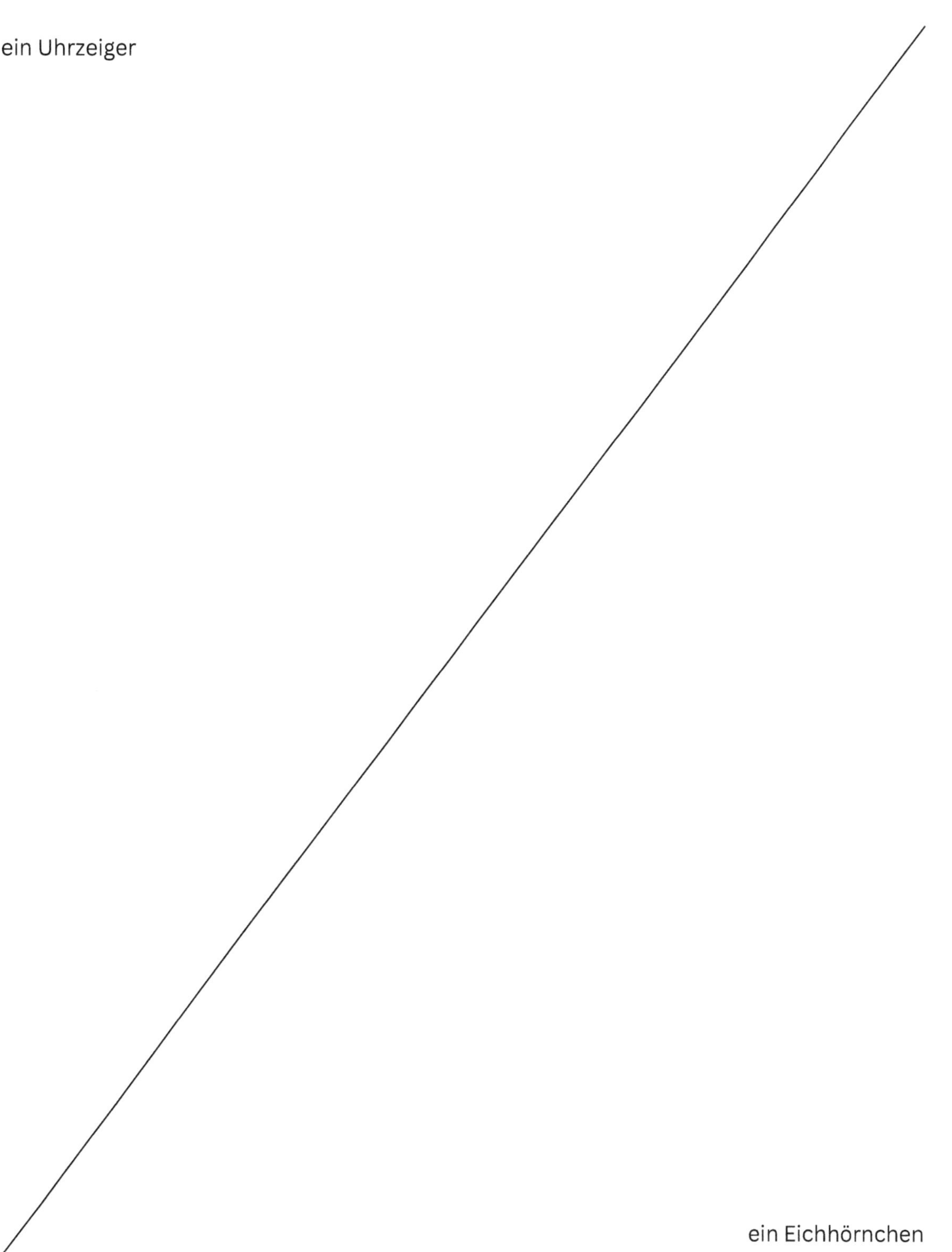
ein Uhrzeiger
ein Eichhörnchen

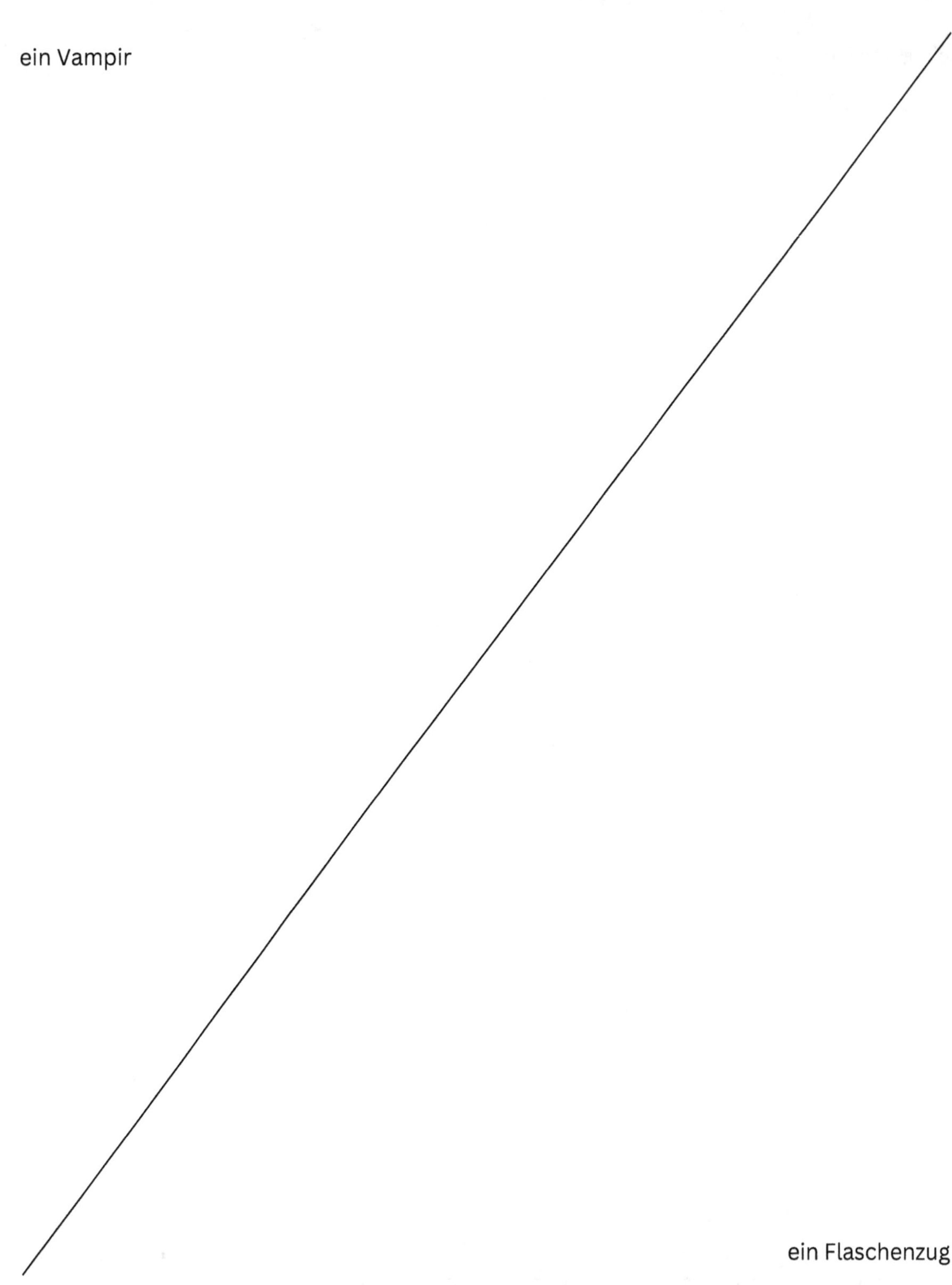
ein Vampir
ein Flaschenzug

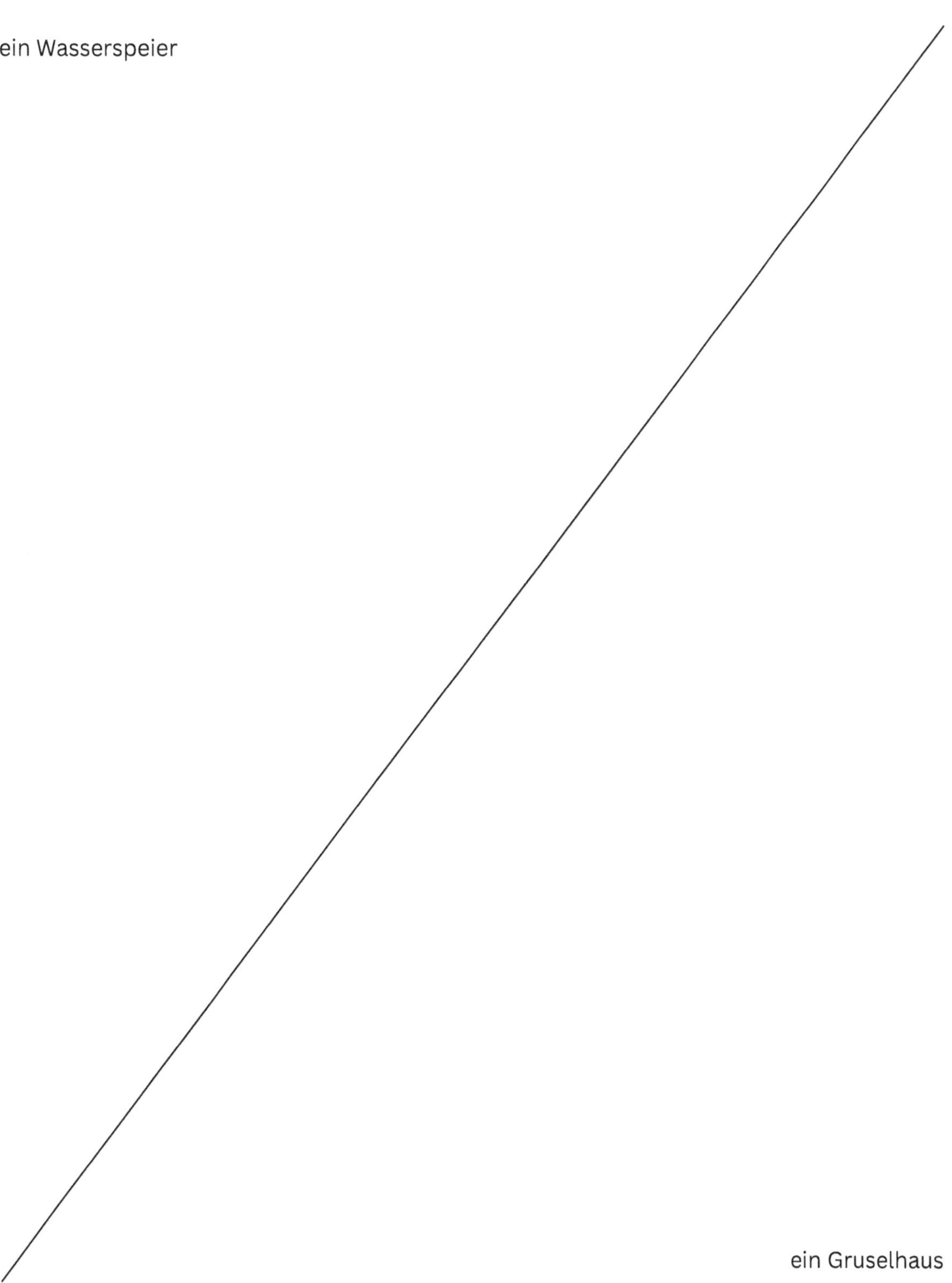
ein Wasserspeier
ein Gruselhaus

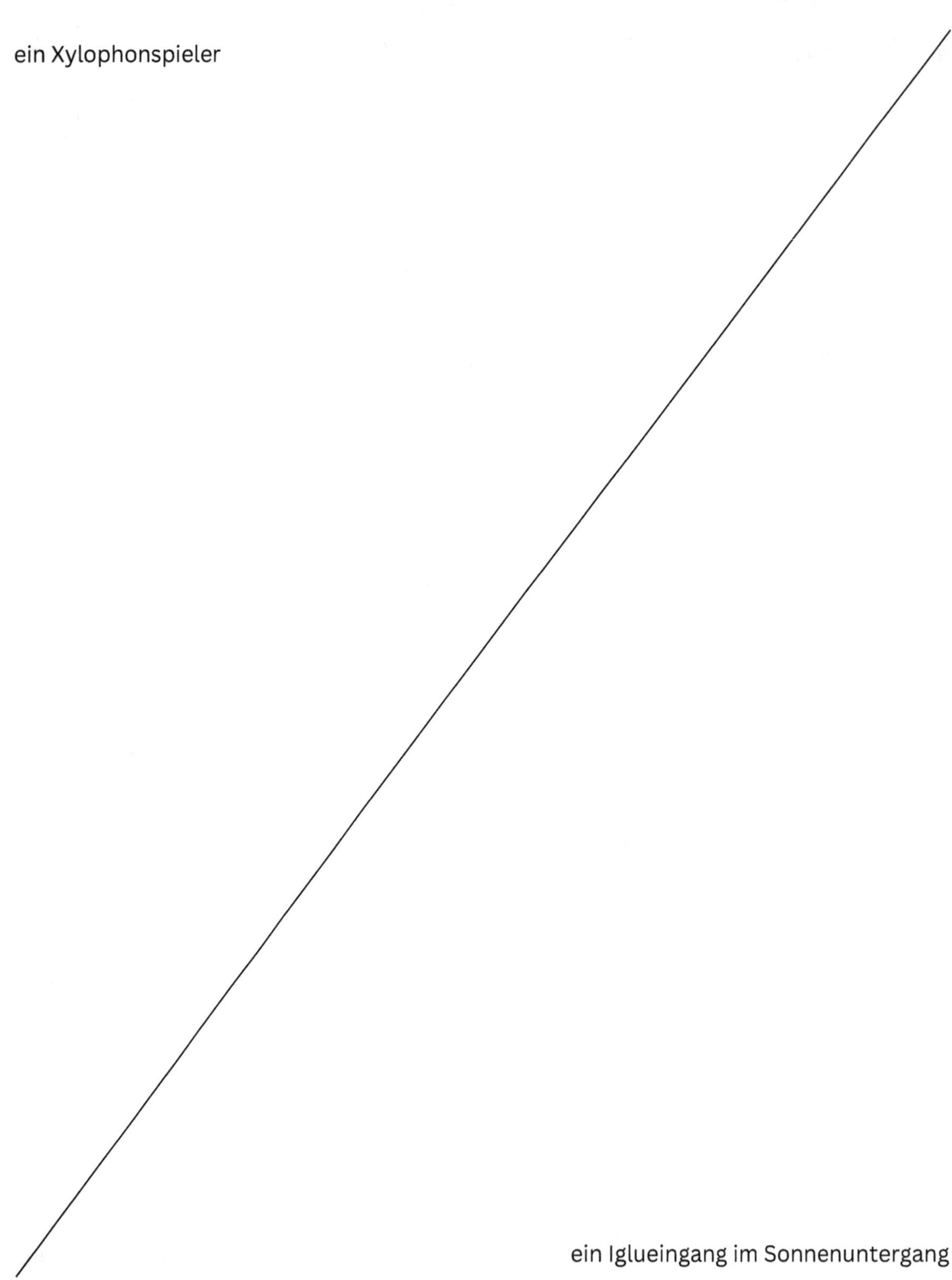
ein Xylophonspieler
ein Iglueingang im Sonnenuntergang

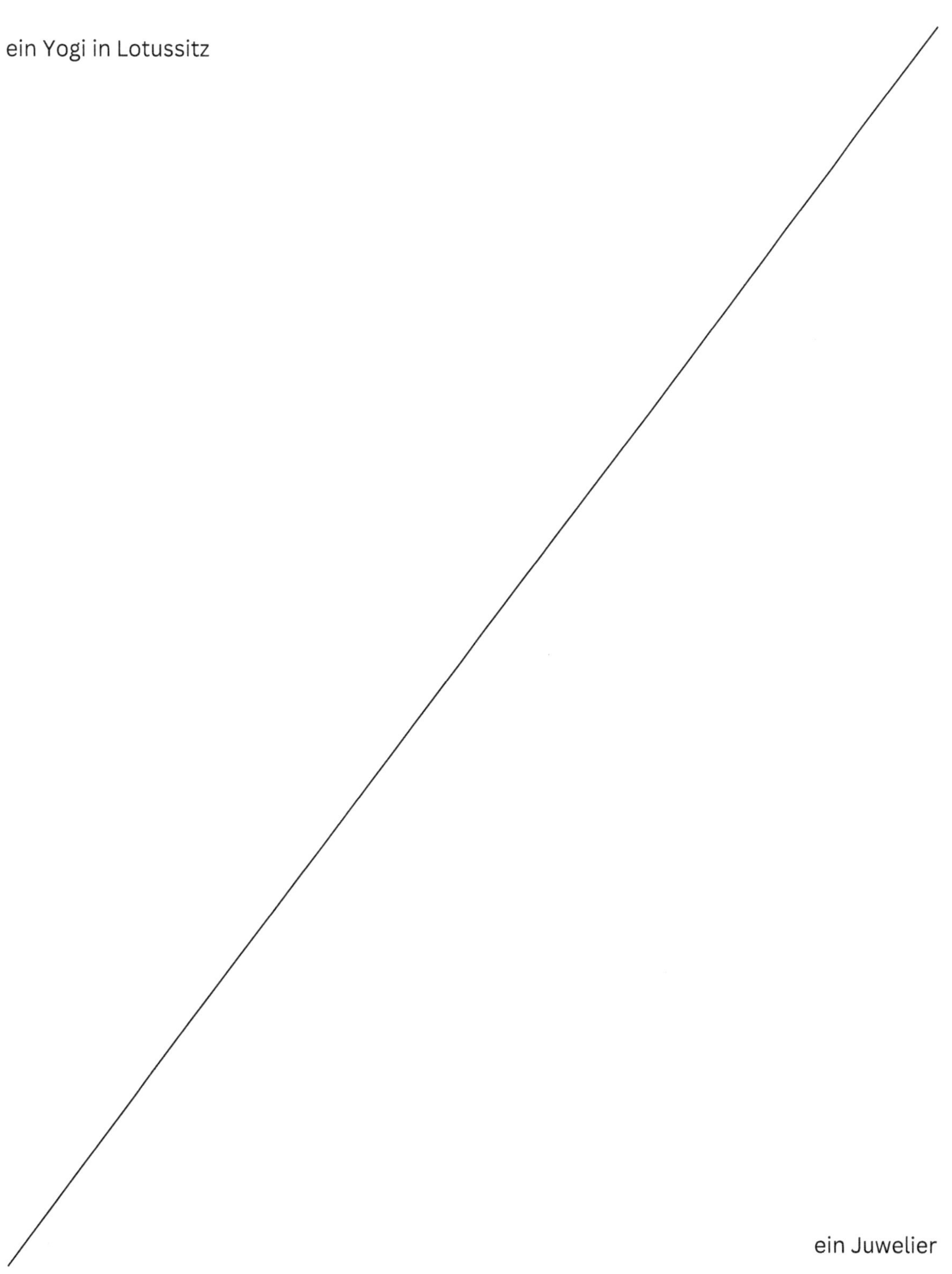
ein Yogi in Lotussitz
ein Juwelier

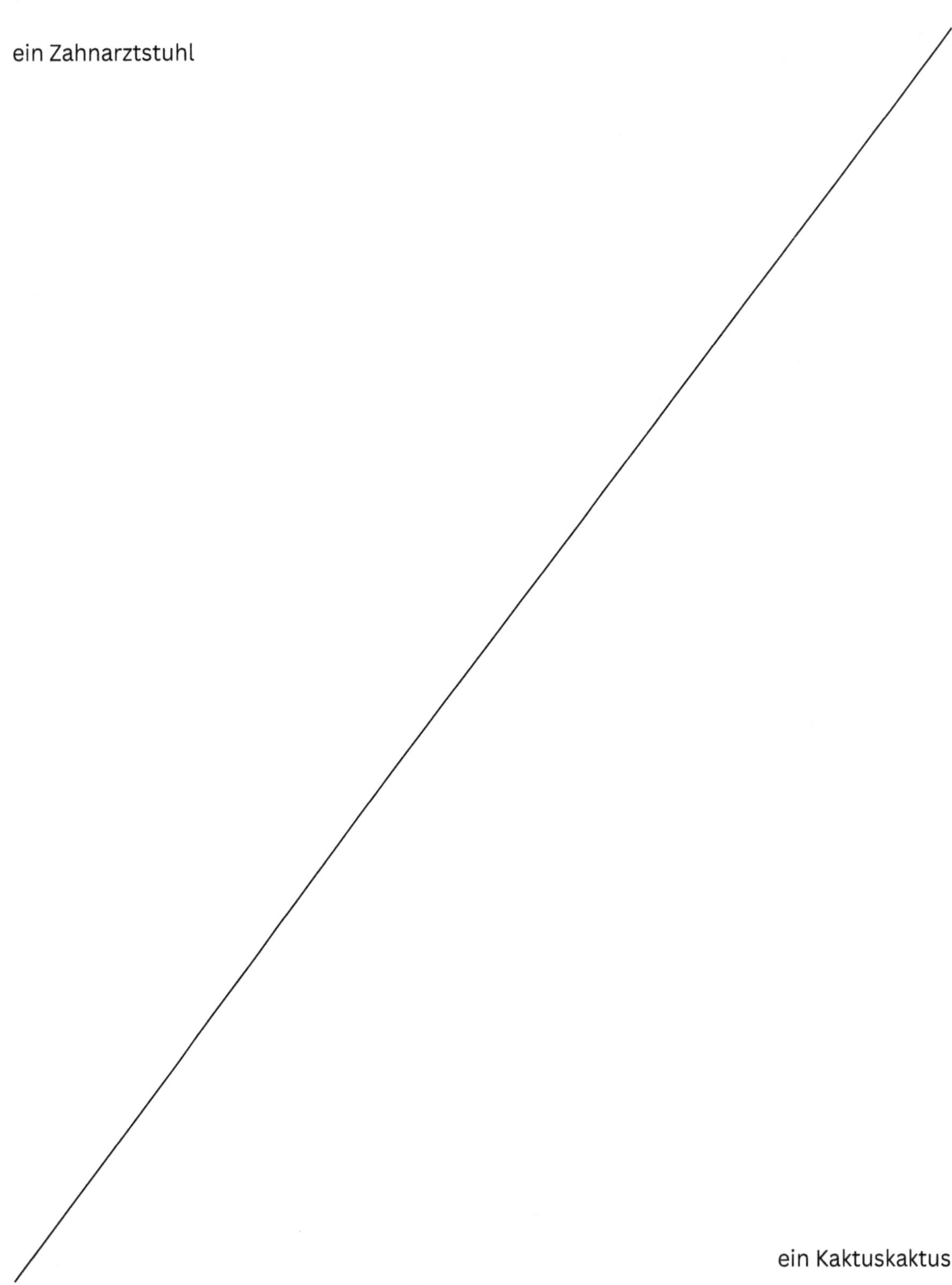
ein Zahnarztstuhl
ein Kaktuskaktus

eine Achterbahn

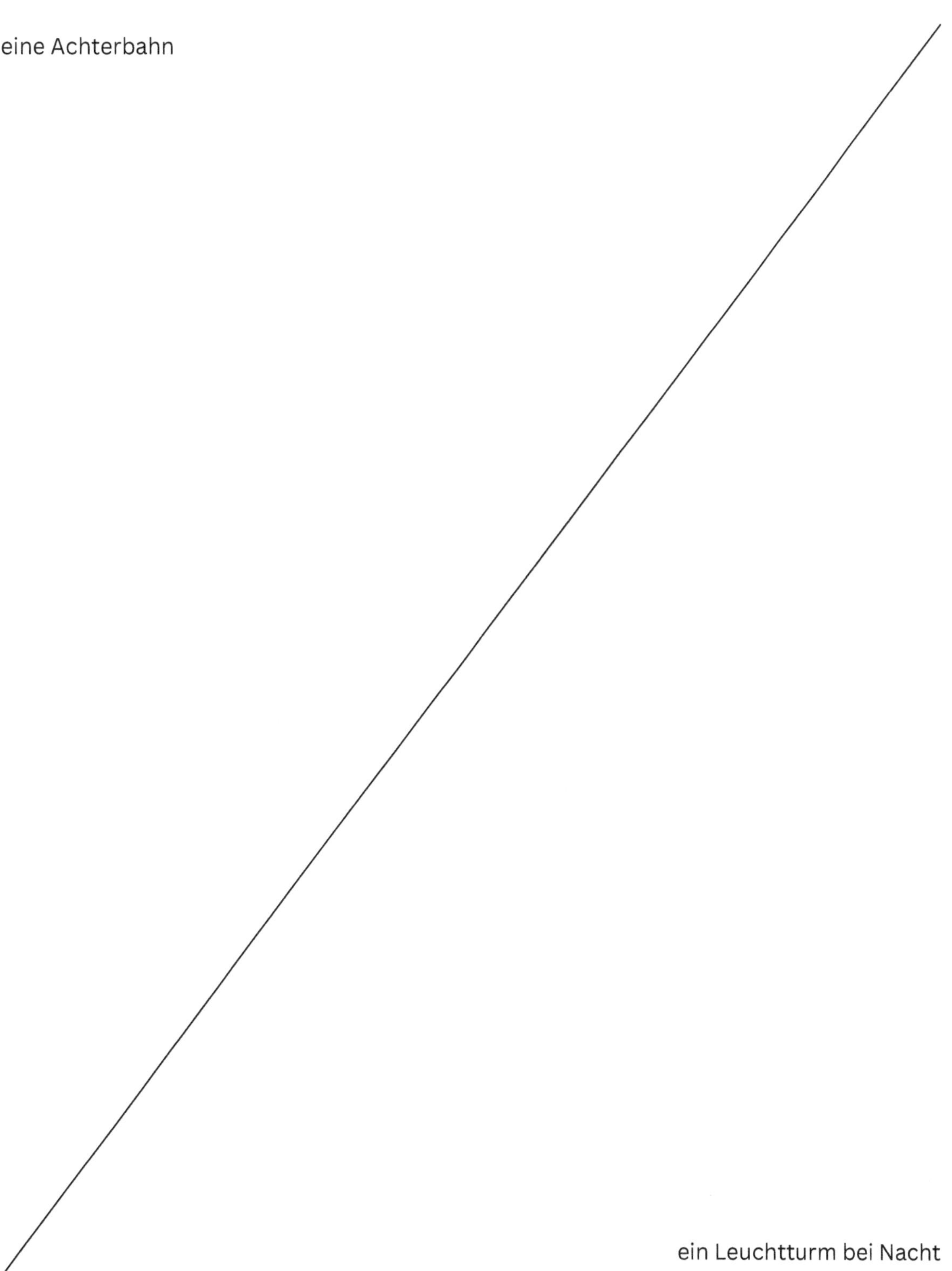

ein Leuchtturm bei Nacht

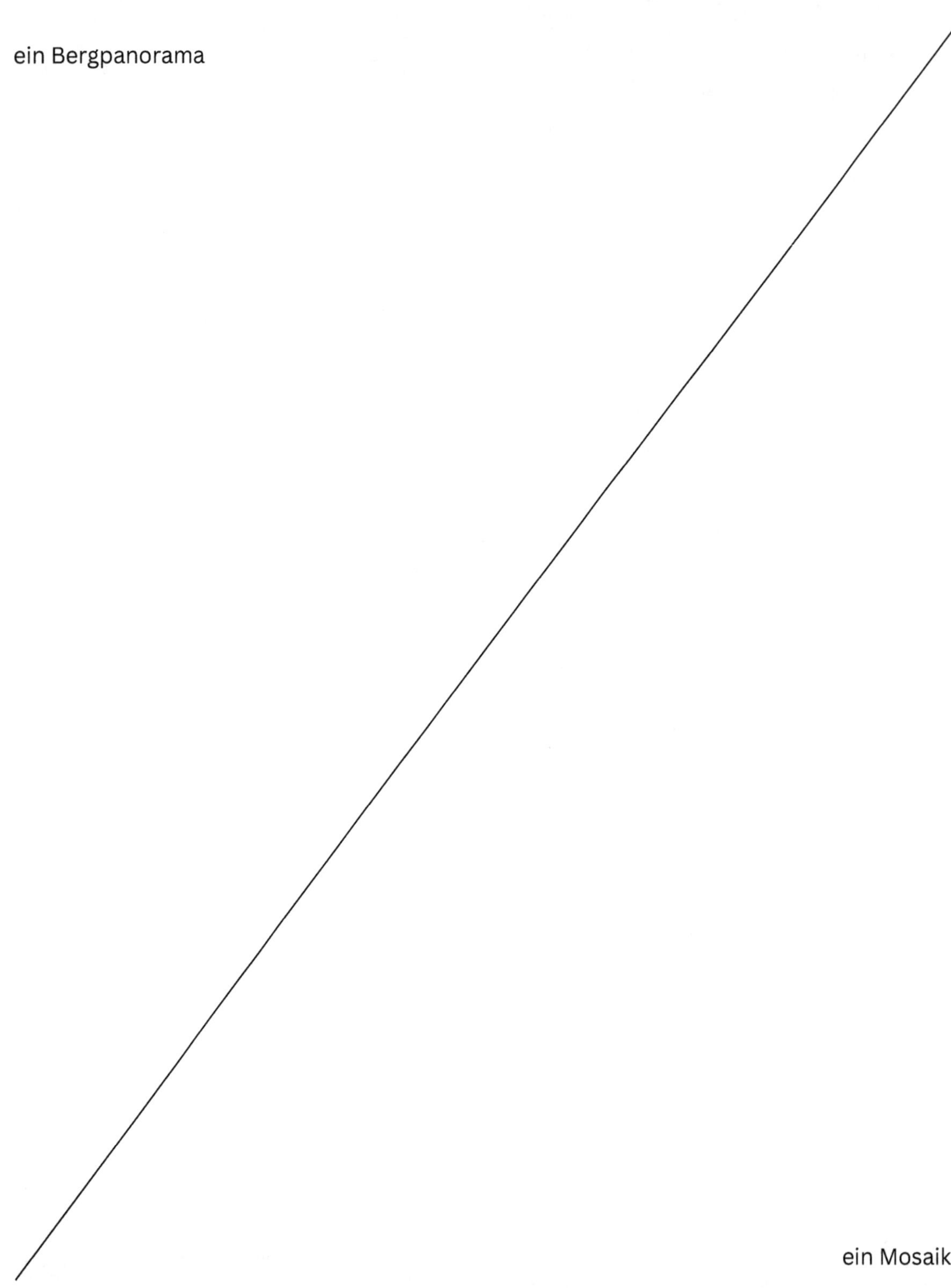

ein Bergpanorama
ein Mosaik

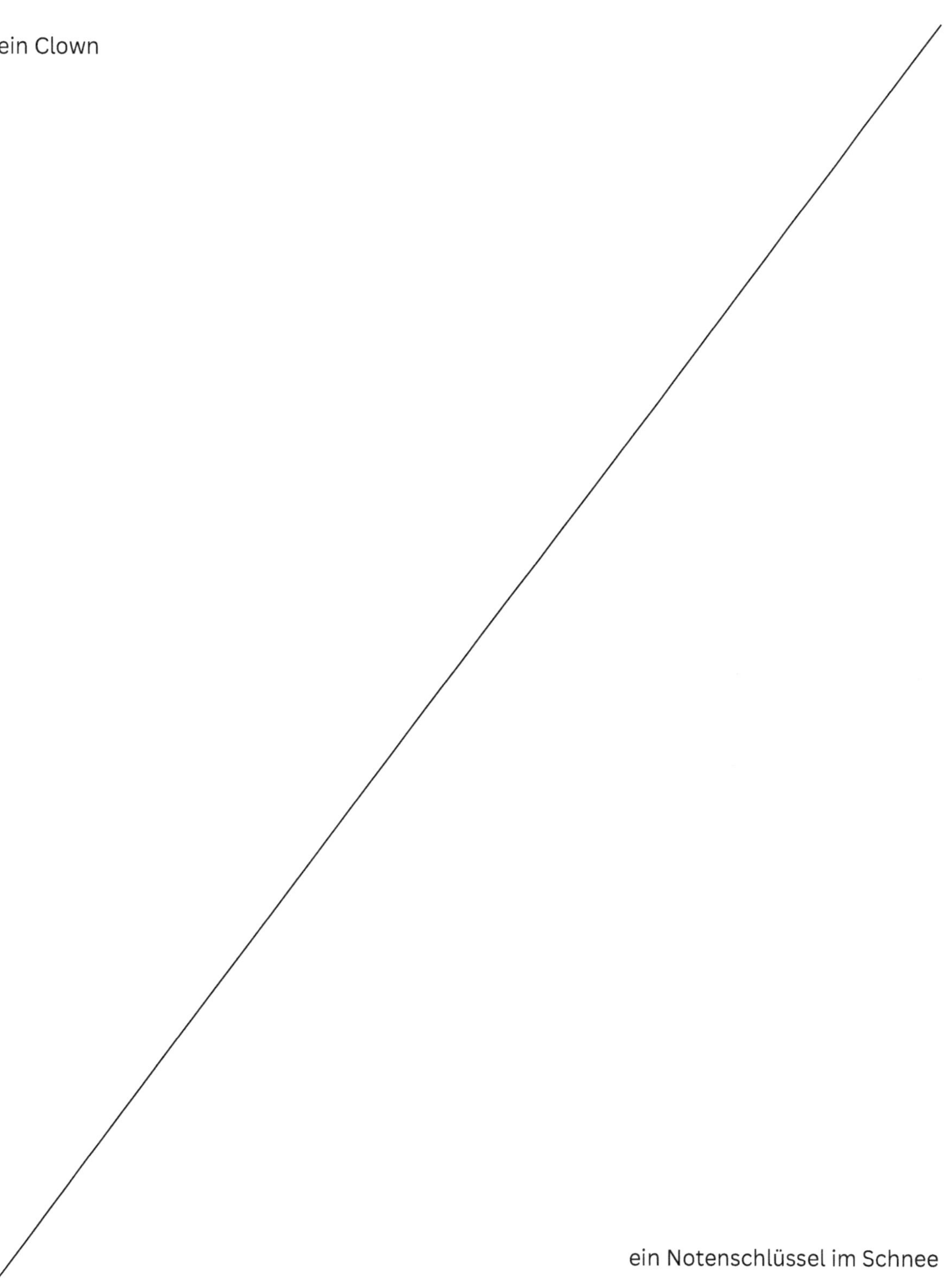
ein Clown
ein Notenschlüssel im Schnee

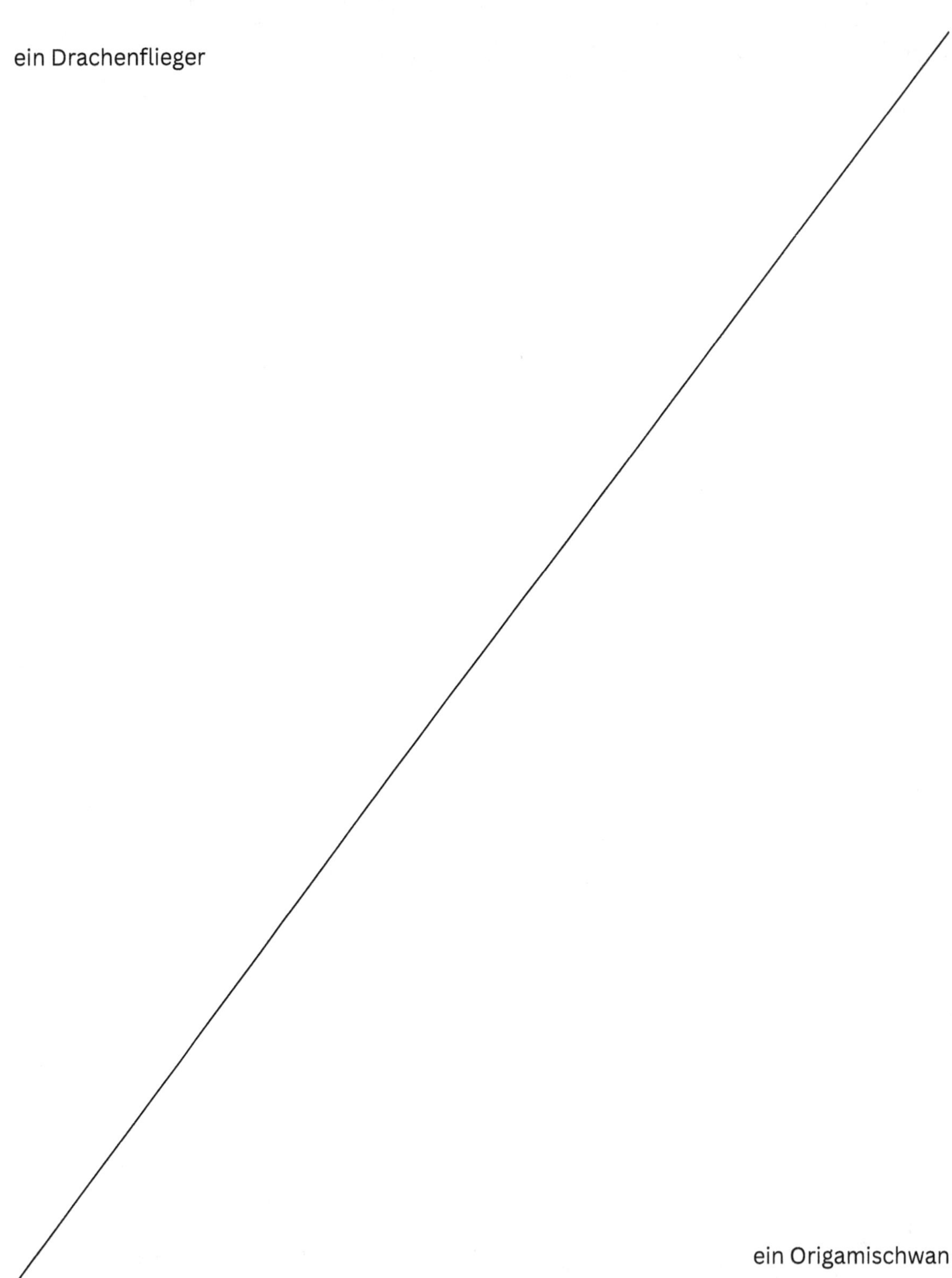

ein Drachenflieger
ein Origamischwan

ein Eiscremebecher

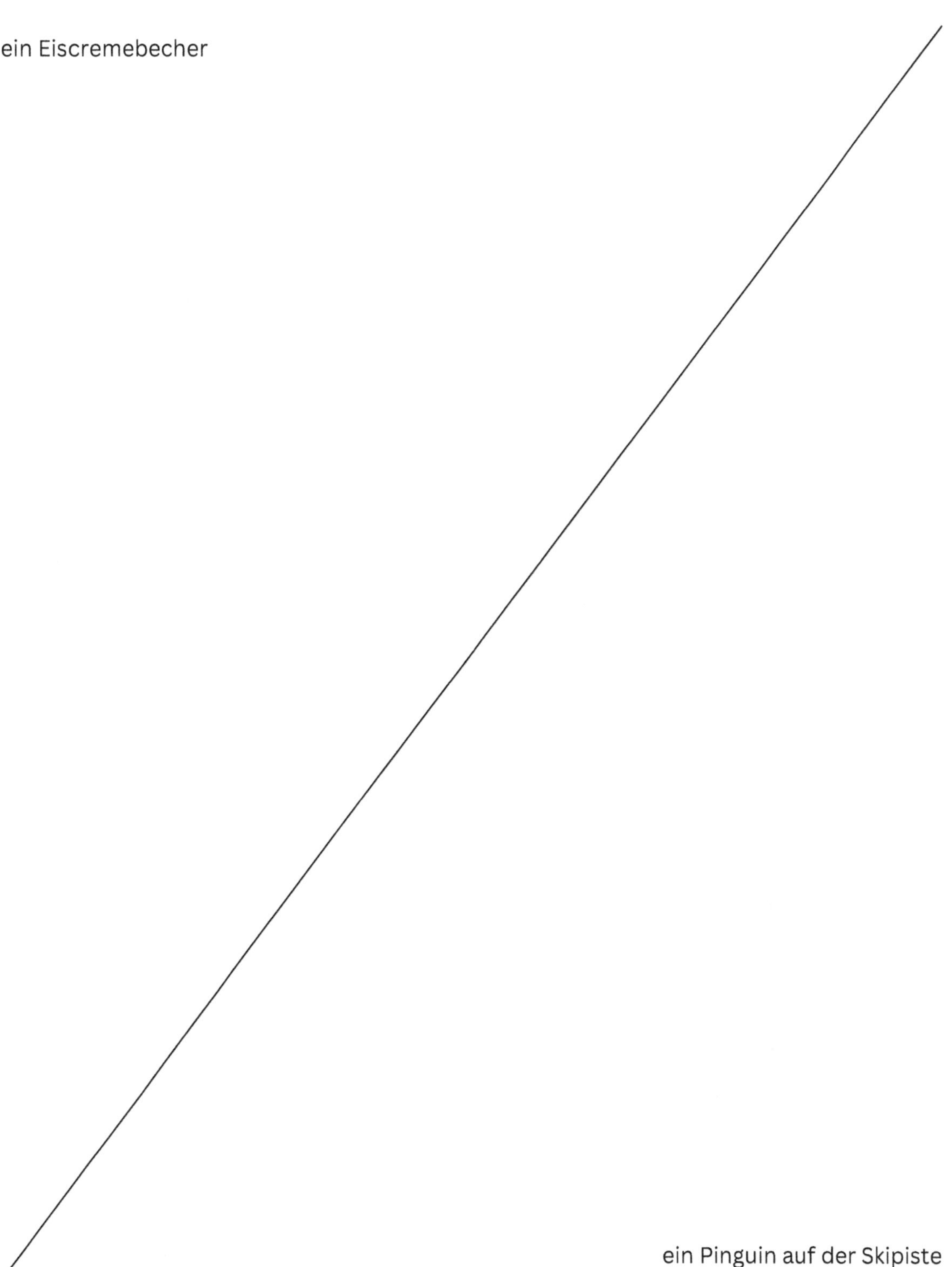

ein Pinguin auf der Skipiste

ein Fotorahmen

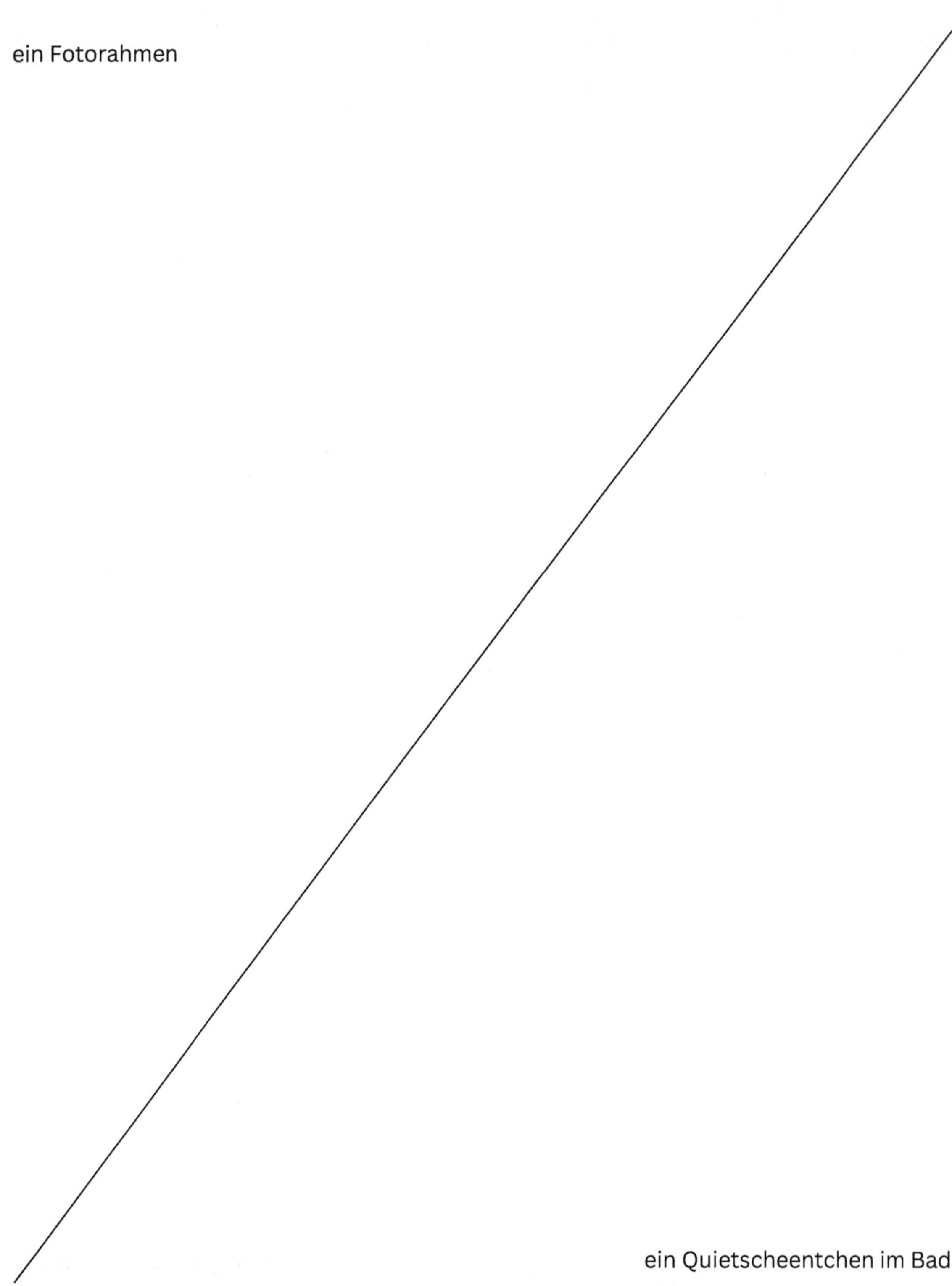

ein Quietscheentchen im Bad

ein Geysir

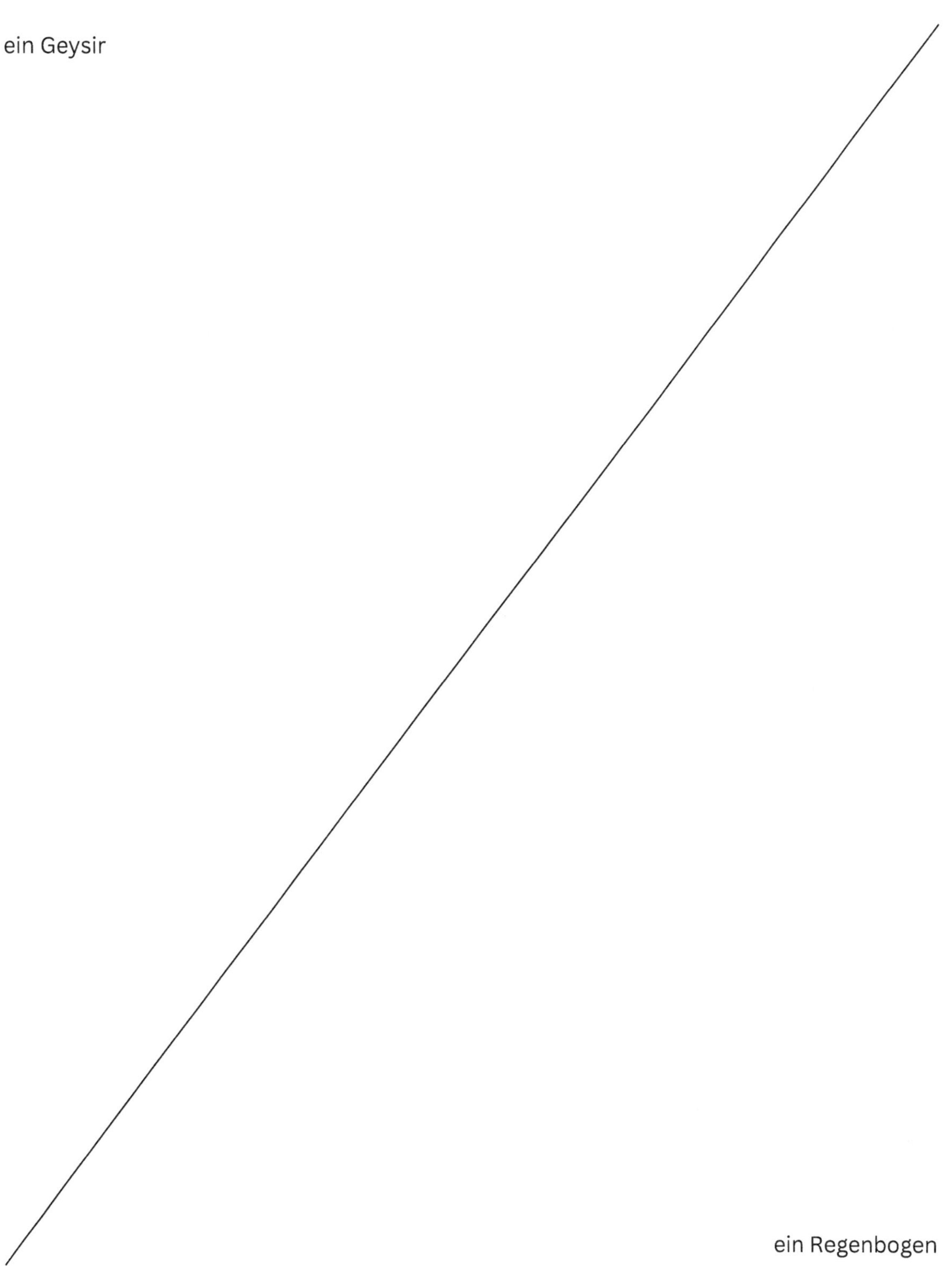

ein Regenbogen

ein Hubschrauberlandeplatz

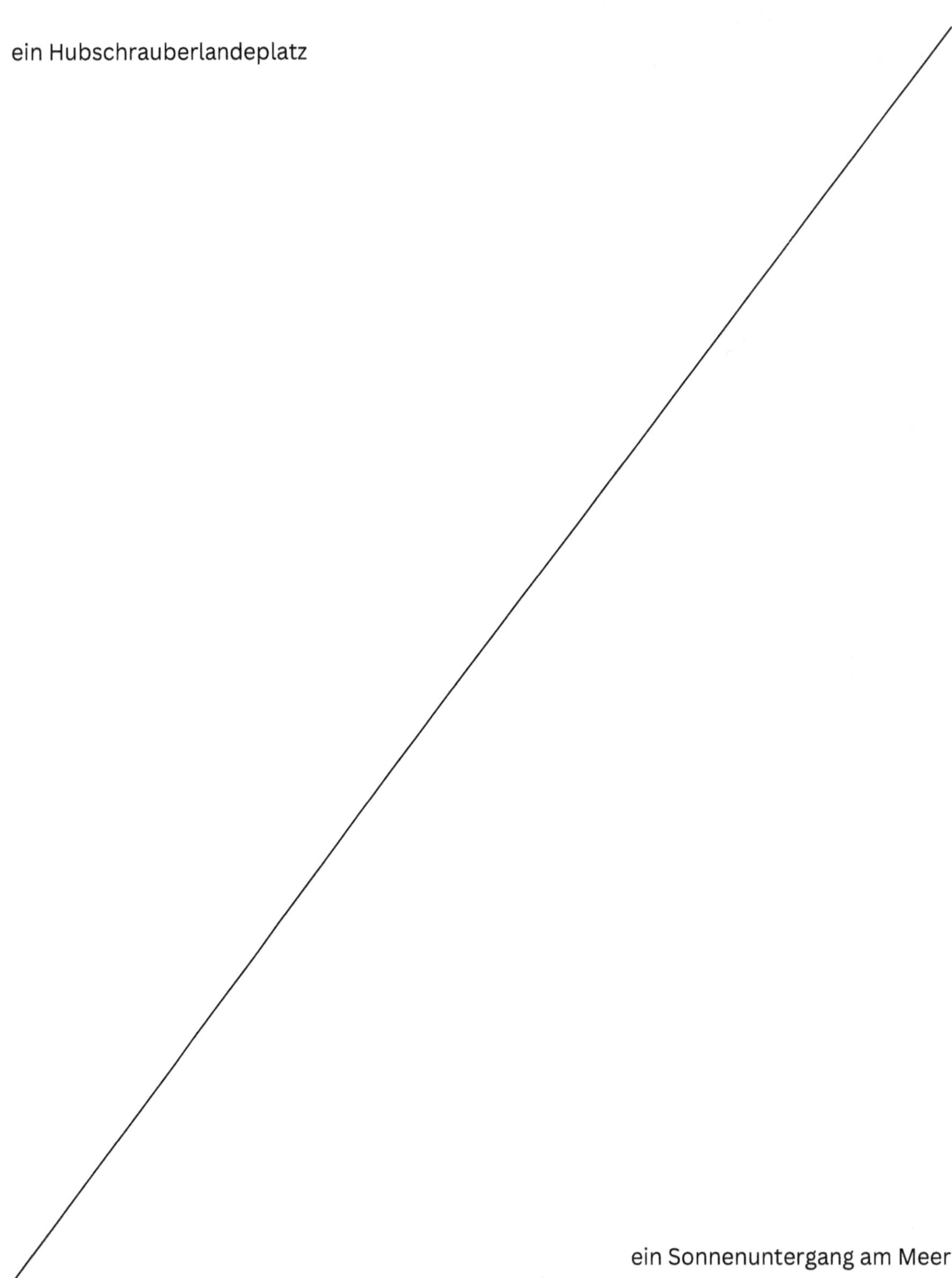

ein Sonnenuntergang am Meer

ein Sonnenuntergang am Meer | ein Diamantring

ein Trompetenspieler | ein Elefantenohr

ein U-Boot in der Tiefsee | ein Flugzeugträger

<table>
<tr><td>ein Vulkan im Ausbruch</td><td>ein Gewitterblitz</td></tr>
<tr><td>ein Vulkan im Ausbruch</td><td>ein Gewitterblitz</td></tr>
</table>

ein Wasserski | ein Iglu mit Huskys

ein Xylophonspieler im Wald

ein Jongleur

ein Xylophonspieler im Wald

ein Jongleur

ein Yeti mit einem Schneeball

ein Kirschbaum

ein Zebra im Grasland | ein Löwenzahn

ein Abenteurer | ein Musiknotenblatt

ein Blumenstrauß | ein Origamiboot

ein Cowboy | ein Pinguin auf der Eisscholle

ein Dampfschiff | ein Quietscheentchen im Regen

ein Eskimopaar

ein Ritter

ein Flugzeug im Landeanflug | ein Schneekristall

ein Flugzeug im Landeanflug | ein Schneekristall

ein Goldfischglas

ein Teleskop im Weltraum

ein Harlekin | ein U-Boot in einer Höhle

ein Iglu in der Wüste | ein Vogelkäfig

ein Jet-Ski

ein Wasserhahn

ein Kaktusgarten

ein Xylophon im Sonnenschein

ein Lebkuchenhäuschen | ein Yeti in einer Höhle

ein Mauseloch | ein Zirkuszelt im Sonnenuntergang

ein Ninja | ein Amboss

ein Osterkorb | ein Bumerangwerfer

ein Pinguin mit Sonnenbrille

ein Cappuccino mit Herz

ein Quietscheentchen auf Reisen

ein Dinosaurierknochen

ein Regenschirm im Wind

ein Elefantenbaby

ein Schneemann

ein Fuchs mit Sonnenbrille

ein Tannenbaum

ein Geisterhaus

ein Unfall

ein Iglu mit Nordlichtern

ein Vogelnest | ein Jet-Skifahrer

ein Wasserkocher | ein Kaktus mit Marienkäfer

ein Xylophon im Regen

ein Leuchtturm am Morgen

ein Xylophon im Regen

ein Leuchtturm am Morgen

ein Yeti mit einer Schneeflocke | ein Mönch

ein Zirkuszelt bei Tag

ein Ninja mit Schatten

ein Apfelbaum | ein Origamikranich im Flug

ein Ballerina | ein Pinguin mit Picknickkorb

ein Clownfisch | ein Quietscheentchen im Weltraum

ein Düsenjet | ein Regenschirm in einer Pfütze

ein Einhornschloss | ein Surfer

ein Fuchs im Schnee

ein Uhu auf einem Ast

ein Gewitterwolke

ein Vampirbiss

ein Iglu mit Polarlichtern

ein Wasserlilie

ein Jetpack ein Xenophob im Nebel

ein Kaktus mit Blüten | ein Yeti in der Sommerhitze

ein Labyrinth

ein Zirkuszelt im Sonnenaufgang

ein Muschel

ein Apfelkern

ein Ninja in Aktion

ein Ballerina mit Tutu

ein Orchesterdirigent

ein Computermaus

ein Pinguin mit Schlitten

ein Diamantenschliff

ein Pinguin mit Schlitten

ein Diamantenschliff

ein Quietscheentchen im Pool | ein Eiffelturm

ein Regenschirmständer

ein Flugzeugfenster

ein Surfbrett



ein Surfbrett

ein Gewitterdonner



ein Gewitterdonner

ein Uhu in der Nacht

ein Iglu mit Schlittenhunden

ein Vogelschwarm

ein Jongleur mit Feuer

ein Wasserfall im Dschungel | ein Kirschblütenzweig

ein Xenophob im All | ein Labyrinthausgang

ein Yeti mit einem Schal | ein Maiglöckchen

ein Zirkuszelt bei Nacht | ein Notenschlüssel mit Noten

ein Astronaut | ein Origamikatze

ein Ballonhund

ein Pinguin mit Schneebällen

ein Computerchip | ein Quietscheentchen im Spa

www.ingramcontent.com/pod-product-compliance
Lightning Source LLC
Chambersburg PA
CBHW082336270726
48658CB00017B/2857